_____ 님의 소중한 미래를 위해
이 책을 드립니다.

저는
이 독서법으로
연봉 3억이
되었습니다

돈 버는 독서, 몸값 올리는 독서법

저는
이 독서법으로
연봉 3억이
되었습니다

| 내성적인 건물주 지음 |

메이트북스

메이트북스 우리는 책이 독자를 위한 것임을 잊지 않는다.
우리는 독자의 꿈을 사랑하고,
그 꿈이 실현될 수 있는 도구를 세상에 내놓는다.

저는 이 독서법으로 연봉 3억이 되었습니다

초판 1쇄 발행 2023년 3월 25일 | **초판 7쇄 발행** 2024년 6월 13일 | **지은이** 내성적인 건물주
펴낸곳 (주)원앤원콘텐츠그룹 | **펴낸이** 강현규·정영훈
편집 안정연·신주식·이지은 | **디자인** 최선희
마케팅 김형진·이선미·정채훈 | **경영지원** 최향숙
등록번호 제301-2006-001호 | **등록일자** 2013년 5월 24일
주소 04607 서울시 중구 다산로 139 랜더스빌딩 5층 | **전화** (02)2234-7117
팩스 (02)2234-1086 | **홈페이지** matebooks.co.kr | **이메일** khg0109@hanmail.net
값 16,500원 | **ISBN** 979-11-6002-396-1 (03190)

최고의 투자는 자신에 대한 투자이며,
자신에게 하는 투자 중 책 읽기만 한 게 없다.

• 워런 버핏 •

차례

PART 1
책을 읽었을 뿐인데 몸값이 올랐다

PART 2
책을 읽어도 내 인생이 달라지지 않았던 이유

PART 3
몸값 올리는 독서법에도 공식이 있다

PART 4
책을 읽은 지 2년 만에 직장을 탈출하다

PART 5

회사를 위한 삶이 아니라 나의 몸값을 올리는 삶

기대평

독서의 중요성을 잘 알기에 다독을 하지만 부자가 되기에 특별한 독서법이 있다는 것에 강한 호기심이 생깁니다. 또 내건주님만의 노하우를 다른 이들에게 나눠주고 싶어 쓰신 책이니만큼 책을 읽음으로 인사이트를 얻어서 직장탈출, 경제적 자유의 꿈을 꼭 이룰 수 있겠다는 확신이 듭니다. 꼭 읽고 싶은 책이네요. _wls**11**

내성적인 건물주님의 영상을 단 하나라도 봤다면 그가 얼마나 잔잔하지만 큰 힘을 가지고 있는지 알 수 있습니다. 메시지 하나하나에 진심을 담으려는 노력이 결실이 되어 책이 나왔으니 읽어보지 않을 수 없을 것 같습니다. 그의 시작과 지금이 궁금하다면, 그의 메시지에 공감한다면 이 책을 추천합니다. 그를 잘 알지 못하더라도 독서로 한 사람이 성장한 과정이 궁금하다면, 독서로 인생을 바꿀 수 있다는 사실이 궁금하다면 이 책을 추천합니다. 나 또한 그런 이유로 이 책을 기대합니다. _gn*76**

독서법 유튜브 콘텐츠로 내성적인 건물주님을 처음 접했습니다. 독서법 뿐만 아니라 다양한 콘텐츠를 보게 되었습니다. 저와 비슷한 부분이 많아 공감했고 저도 내건주님처럼 될 수 있다는 희망을 갖고 삶을 조금씩 바꾸기 시작했습니다. 처음 저를 바꾼 것은 바로 독서입니다. 독서를 통해 다양한 지식과 새로운 시각을 접했고 이를 접목시키는 재미로 하루하루 설레는 마음으로 살고 있습니다. 내건주님의 독서법 책 출간 소식을 듣고 내건주님의 이야기를 보다 자세히 들을 수 있는 기회가 생겨 기쁩니다. 가장 감명 깊게 본 독서법 콘텐츠에 대해서도 자세히 다뤄주신다고 하니 무척 기대가 됩니다. 부디 많은 분들이 목표를 이루는 데 이 책이 도움이 되길 바랍니다. _sy**a0**

내건주님의 강의를 듣고 '댓글도 못 달던 쫄보'에서 '내 생각과 경험을 글로 담고 투자 철학을 공유하는 블로거'로 성장하고 있습니다. 실행력 제로인 저를 움직이게 만든 건 그만의 '선한 영향력'과 '동기부여가 되는 스토리'라고 생각합니다. '딱딱하고 지겨운 독서' 혹은 '누구나 아는 뻔한 이야기'가 아닌 독자들이 생각하고 행동하게 만들 수 있는 그런 책이 될 것이라고 기대합니다. _b***_re

'어떤 책을 읽고 얼마를 벌었다'는 사람들, 그래서 100권 읽기 전과 후를 비교한 사람들이 많습니다. 독서가 공통점이지만, 독서에서 수익까지 연결되는 과정을 구체적으로 알려주지 않는 것도 공통점인 듯합니다. 물고기를 잡는 방법은 알려줬으면 싶은데, 사람마다 관심, 능력, 재능이 다르기 때문에 구체적으로 설명이 어렵다고들 말합니다. 그런데 이 책은 물고기 잡는 법을 알려주리라 기대하는 마음이 큽니다. _rn**swo*

지식창업은 상품이 아니라 사람을 보고 구매가 이루어집니다. 그 사람이 어떤지는 그 사람이 남겨온 발자취로 알 수 있습니다. 그중 가장 대표적인 게 바로 글쓰기입니다. 글쓰기는 모든 창작의 기본이 됩니다. 내건주님의 대표적인 성공법칙은 사람을 모았고, 글쓰기를 배웠다는 것입니다. 이분이 배운 것을 나도 배울 수 있다는 것이 너무 기대가 됩니다. _rk*lf**

1~2년 전부터 책 읽기에 흥미를 두게 되었습니다. 하지만 한 권 한 권 읽어갈수록 제 자신이 책 자체보다는 책을 읽는 행위에 초점을 맞추고 있다는 사실을 깨닫게 되었습니다. 시간이 지나면 책의 내용은 기억이 나질 않고 그 행위만 기억에 남았습니다. 이를 벗어나고자 유튜브에서 독서법을 찾아보다가 내건주님을 만나게 되었습니다. 저와 같은 경험을 겪고 있는 이들에게 사막 속 오아시스같이 갈증을 해소시켜줄 책이 될 것이라 기대하고 있습니다. _si*88***

내성적인 건물주님에게는 진솔한 마음이 담겨 있어요. 그 진심이 와닿아 저 또한 움직이게 만들어주는 힘을 갖고 계신 분인데, 오늘의 그분을 만들어준 독서법이라면 3억 이상의 가치를 얻을 거라 기대합니다. _pu**fe**x

'에이, 책 읽는다고 연봉이 오르겠어?'라고 의심하는 사람들을 향한 내성적인 건물주표 나긋나긋한 멘토링이 기대됩니다. 의심은 실행을 막지만 실행한 사람의 이야기를 들으면 의심을 거두게 될 것입니다. _fi**-20**

저는 올해 51세입니다. 저 또한 내건주님과 비슷한 환경이라 가난을 끊고 싶고 많은 돈을 벌고 싶다는 생각을 어릴 때부터 갖고 살아왔지만 가르침을 줄 수 있는 인맥도, 그 어떤 루트도 접하지 못한 채 하루하루 생계를 위해 살다 보니 적극적으로 뭐 하나 해보지도 못하고 적지 않은 나이가 되었습니다. 그러던 차에 얼마 전부터 내건주님 유튜브 영상을 접하면서 많은 동기부여를 받고 희망을 갖게 되었습니다. 내건주님은 뭘 해야 하는지도 모르는 제게 한 줄기 빛 같은 분이십니다. 물론 시중에 다른 자기계발이나 성공 관련된 정보들은 너무나 많지만 저와는 너무나 동떨어진 세계에 계신 분들 같아 따라 하는 것조차 부담스러운데 내건주님은 사람을 참 편하게 해주시는 매력이 있습니다. 이 나이에도 왠지 꾸준히 배우고 따라 하면 나도 가난을 끊을 수 있겠단 희망과 자신감을 주는 분입니다. 이렇게 도움받을 수 있는 책까지 내주신다니 정말 감사합니다. _09**hjk**

강남 건물주 어르신이 해주신 한마디

이 책은 2021년 9월 24일 유튜브에 올린 영상에서 시작되었습니다. 제목이 조금 민망하지만, '30살 흙수저를 연봉 3억으로 만들어준 독서법'이라는 영상입니다. 그런데 감사하게도 해당 영상 조회 수가 160만 회를 돌파했습니다.

한번은 20년 차 국어 선생님이 "학생들에게 보여주고 싶은데 다시 올려주시면 안 될까요?"라는 메일을 보내주셨죠. 중간에 영상을 비공개로 돌린 적이 있었거든요. 아무튼 그때쯤 "조금 더 구체적인 사례와 추천 도서를 담아보는 건 어떨까요?"라는 출판 제안을 받았습니다. 그렇게 이 책은 만들어졌습니다.

저는 어렸을 때부터 돈과 성공에 관심이 많았습니다. 가족을 제 손으로 지키고 싶었거든요. 물론 돈이라는 물질이 행복의 필수 조건은 아닙니다. 건강과 인간관계도 중요하니까요. 다만 제가 봐온 불행은 결국 돈에서 시작되더라고요. 무소유가 아닌 이상, 불합리한 강요를 받지 않으려면 돈이 어느 정도 필요하다고 생각합니다.

그런데 사실, 성공하려고 이를 악물고 공부를 열심히 하지는 않았습니다. 전문대를 나와 물리치료사로 일을 시작했고, 점심과 퇴근만 기다리면서 하루하루를 살았죠. 그러던 어느 날, 우연히 강남 건물주 할아버지를 환자로 만났습니다. 그때 어르신이 해주신 한마디로부터 제 인생은 달라졌습니다.

"가진 것 없이 태어난 사람은 독서밖에 답이 없습니다. 나는 아직까지도 사람을 만나면 가장 인상 깊었던 책이 무엇인지 물어봅니다."

그때 이후로 저는 '몸값 올리는 독서'를 연구했습니다. 결론적으로 물리치료사로서 연봉 1억 원을 만들었고, 28세에 빌라 3채를 경매로 샀습니다. 거기서 월세 132만 원을 받았죠. 그리고 0원으로 메신저 사업을 시작해 2년 만에 대기업 임원급 이상의 자동 수익을 만들고 직장을 나왔습니다. 현재는 좋아하는 일로 돈 버는 1인 기업가를 양성하는 직장탈출학교를 운영하고 있죠.

제가 "이 모든 것은 독서 덕분이었습니다"라고 말한다면, 사람들은 뭐라고 할까요? 누군가는 황당해하며 믿지 않을 것이고, 누군가는 그러려니 하면서 외면하겠죠. 물론 어떠한 운이 작용했을 수도 있고, 유료 강의 같은 것들도 영향을 주었을 겁니다. 하지만 독서가 없었다면 저는 시작조차 할 수 없었다고 확신합니다. 그 증거가 이 책에 나옵니다.

여러분은 이미 알고 있을 겁니다. 독서를 하면 좋은 점이 무엇인지 말입니다. 책을 읽어야 한다는 말도 질리게 들었을 거고요. 다만 저는 일반적이지 않은 조금 특별한 것들을 말해보려 합니다. 참고로 이 책의 주제는 '몸값 올리는 독서법'이지만, 여러 이야기를 담을 예정입니다.

좋아하는 일과 잘하는 일을 찾는 과정, 제가 자신을 자책하며 우울증 약을 먹었을 때, 1인 기업가로 살아가게 된 계기와 부작용, 불면증을 어떻게 극복했는지 등 4~5년간 고민하고 해결한 모든 것을 말입니다.

물론 제가 말하는 경험과 전략이 정답은 아닐 수 있어요. 각자 처한 상황이 다르고, 짊어진 삶의 무게도 다르니까요. 다만 누군가에게는 제 방식이 맞을 것이고, 어떠한 힌트를 얻어 새로운 영감을 얻을 수도 있을 겁니다. 저는 이 책이 그 정도의 역할만 해주어도 만족합니다.

저의 좌우명은 "하루하루 설레는 삶을 살자"입니다. 그 시작과 끝은 자신의 몸값을 올려가는 것이고요. 만약 당신이 저와 결이 비슷한 사람이라면, 이 책이 분명 도움이 될 것이라고 확신합니다.

내성적인 건물주

연봉 3억 만들어준 독서법,
일주일만 따라 해봐도 충분하다!

제가 태어난 1992년, 부모님은 속옷 가게를 운영하셨습니다. 속옷, 잠옷, 수영복, 튜브 등 다양한 걸 팔았죠. 그 당시 누나들 모두 학원에 보낼 정도로 여유가 있었다고 해요. 그런데 1997년 IMF 외환 위기가 터지면서 점점 가게 매출이 줄어들었습니다.

심지어 근처에 대형 마트가 생기면서 상황은 더 나빠졌습니다. 부모님은 집을 줄인 보증금으로 가게 어음을 갚아나갔지만 끝내 재기하지 못하고 폐업하고 말았습니다.

이후로 부모님은 삼 남매를 먹여 살리기 위해 이것저것 닥치는 대로 일을 하셨다고 해요. 그렇게 조금 나아지나 싶었지만, 아버지가 심근경색으로 쓰러져 수술을 받고 한동안 일을 못 하시게 되었죠.

　그때쯤 화장실이 집 밖에 있는, 10평도 안 되는 반지하로 이사했습니다. 이후에도 참 많은 일이 있었고요. 그런데도 부모님은 삼 남매를 끝까지 지켜주셨습니다. 저는 그런 부모님을 존경했고, 반드시 행복하게 해드리고 싶었어요. 그래서 다음과 같은 첫 번째 목표를 세우게 되었습니다.

　'가난을 내 손으로 끊어야 한다. 가족을 지킬 수 있는 힘을 얻어야 한다.'

　목표를 세우기는 했지만 공부를 열심히 하지는 않았습니다. 어찌어찌해서 전문대에 들어갔고, 30도가 넘는 무더운 여름에 공사장에서 막노동을 하며 대학을 다녔으니까요. 그렇게 해서 물리치료사로 일하게 되었습니다.

　하루 12시간씩 일하고, 퇴근 후와 주말에는 다른 일을 했습니다. 일을 많이 해야만 부자가 된다고 믿었기 때문입니다. 하지만 인생이라는 것이 뜻대로 되지는 않더군요. 점차 부모님

건강에 문제가 생기면서 뼈저리게 느꼈습니다. '이렇게 가난이 대물림되는구나. 내가 아무리 열심히 노력해도 쉽게 벗어날 수 없구나.'

그러던 어느 날, 자수성가하여 강남에 건물이 여러 채 있는 어르신을 환자로 만났습니다. 그분은 저에게 "가진 것 없이 태어난 사람은 독서밖에 답이 없습니다"라는 말씀을 해주셨죠. 그 말씀을 듣고 저는 미친 듯이 책을 읽어갔습니다. 하지만 제 삶은 조금도 달라지지 않았어요. 그때 저는 다음과 같은 의문이 들었죠. '역시 재능이나 환경이 중요한 건가, 아니면 내가 책을 잘못 읽고 있는 건가?'

많은 고민 끝에 '책을 읽는 데도 분명 방법이 있을 것'이라는 결론을 내렸습니다. 그렇게 저는 돈을 들여가며 책 읽는 방법에 관한 세미나를 듣고, 관련된 책을 찾아 읽으며 연구했습니다. 그렇게 자세히 들여다보니, 부자들의 독서는 제가 기존에 알던 방식과는 조금 달랐습니다.

물론 알고 나면 '이렇게나 간단하다고?' 하겠지만, 듣기 전까지는 평생 알 수 없는 방식이었습니다. 그때 저는 '이렇게만 책을 읽으면 가난을 끊을 수 있겠다'는 확신을 얻었어요. 그렇게 2년이 흘러갔고, 서른 살에 직장인 월급의 몇 배에 달하는 수익을 만들었습니다. 드디어 우리 가족을 지킬 힘을 얻은 겁니다.

아버지가 큰 병으로 수술을 받았을 때 1인실로 모셔 3주 동안 간병을 했고, 가족 5명이 다 같이 모여 밥을 먹을 수 있는 넓은 집을 구했습니다. 그리고 저는 다음과 같은 두 번째 목표를 이루기 위해 퇴사를 선택했습니다.

'하루하루 설레는 일을 하며 살자.'

믿어지지 않겠지만, 이 책을 통해 바로 그 이야기를 하려고 합니다. 오랜 시간 연구하며 알게 된 독서법과 어떻게 몸값을 올렸는지에 관한 모든 내용을 이 책에 담았습니다.

"책을 읽는 데도 따로 방법이 있어? 복잡하다 복잡해."

독서법과 관련된 책을 쓰고 있다고 친구에게 말했을 때 들은 말입니다. 그때는 웃어넘겼지만, 이 자리를 빌려 답변을 해보려 합니다. 단지 재미를 위해 책을 읽는다면 굳이 알 필요는 없습니다. 다만 지키고자 하는 것이 있거나 경제적 자유를 얻을 목적으로 책을 읽는다면 반드시 알아둘 필요가 있다는 것이 제 경험에서 나온 주장입니다.

제가 만약 아무것도 없던 시절로 돌아간다면 가장 먼저 할일은 책을 읽는 것일 겁니다. 물론 그때도 책 읽는 방법을 먼저 알아보겠죠.

모든 일에는 효율이 좋은 방법이 존재합니다. 달리기도 유형에 따라 호흡법이 따로 있고, 발바닥과 무릎에 충격을 덜 주는 자세가 있잖아요. 또 단거리, 중거리, 장거리냐에 따라 전략이 바뀌고 단련해야 할 근육도 다릅니다. 회사에서 전화를 받을 때, 화장실 청소를 할 때도 효율이 더 좋은 방법은 있습니다. 다만 100명 중 99명은 그러한 것들을 하찮게 여길 겁니다.

경제적 자유를 얻고자 책을 읽는 것도 마찬가지입니다. 대부분 무시하죠. 하지만 우리는 책 읽는 전략을 달리할 필요가 있습니다. 아무리 음식 재료가 좋아도 어떻게 요리하느냐에 따라 맛이 달라지기 때문입니다. 자신만의 길을 걷고 있는 당신에게 제가 얻은 노하우를 말해주고 싶었습니다. 이런 길도 있다고 말이죠.

앞으로 나올 이야기들은 제가 꽤 많은 돈과 시간을 들여 직접 몸으로 익힌 것들입니다. 물론 시중에 이미 나와 있는 개념이 나올 수도 있습니다. 다만 제가 익힌 것들을 제 경험과 방식대로 표현해봤습니다.

사실 출판을 제안받았을 때 고민이 많았습니다. '내가 뭐라고 독서라는 주제로 글을 쓸까?' 하고 말이죠. 한동안 그런 고민을 하다가 '4~5년 전의 나와 같은 고민을 하는 사람이 있다면 도움이 될지도 모른다'는 생각이 들었습니다. 제 이야기를 필요로 하는 사람이 한 명쯤은 있을 테니까요.

만일 당신에게 이루고자 하는 무언가가 있다면, 지금까지 많은 책을 읽었지만 현실이 달라지지 않았다면, 이 책을 읽고 딱 일주일만 따라 해보세요. 그 정도만 해도 충분합니다. 이후부터는 제가 변화를 느낀 것처럼, 당신에게도 몸값을 올리는 시스템이 작동하기 시작할 겁니다.

저는 앞으로 무엇을 하든 어떻게든 먹고는 살겠다는 자신감이 있습니다. 그렇지만 제가 다른 사람보다 똑똑하거나 재능이 뛰어난 천재라고 생각하지는 않습니다. 물론 이렇게 직장을 그만두고 나와도 먹고살 수는 있으니 전혀 재능이 없는 것은 아닐 겁니다.

다만 제가 가진 재능을 굳이 말하자면, 실수를 빠르게 인정하고 고치려 하고 다른 사람의 지혜를 배운다는 겁니다. 그리고 누구나 후천적으로 얻을 수 있는 몸값 올리는 독서법을 알고 있다는 정도입니다.

지금부터 PART 1에서는 물리치료사로서 연봉 1억 원을 만든 이야기, 28세에 빌라 3채를 산 이야기, 유튜브 구독자 20만 명을 모은 이야기 등 나의 몸값을 올려준 5가지 사건이 나옵니다. 제가 경제적 자유를 얻는 데 책을 어떻게 활용했는지에 관해 힌트와 영감을 얻을 수 있을 겁니다.

사실 '곧바로 본론으로 들어가는 건 어떨까'라는 조언을 받기도 했습니다. 저도 가독성을 위해서는 동의하지만, 사람은 명확한 동기나 계기가 없으면 쉽게 행동하지 않는다고 생각합니다. 그래서 제 경험을 먼저 구체적으로 말해보려 합니다.

살 빼는 방법, 자존감 높이는 방법, 돈 버는 방법은 간단합니다. 살을 빼려면 적게 먹고 유산소 운동을 꾸준히 하면 되죠. 자존감을 높이려면 남과 비교하지 않고 자신을 있는 그대로 사랑해주면 됩니다. 돈을 벌려면 작은 도전과 실패를 반복하며 개선해가면 됩니다. 누구나 알고 있는 사실이고, 특별한 방법은 없습니다.

　단지 그렇게 해야 할 결정적인 동기가 없기 때문에 많은 사람이 하지 않는 겁니다. 따라서 저는 무엇보다 여러분에게 책을 읽어야 할 동기를 먼저 만들어주고 싶습니다. 만약 그런 동기부여가 필요 없으신 분들은 PART 2부터 읽으시면 됩니다.

　그럼, 저의 첫 번째 이야기를 시작하겠습니다.

PART 1

책을 읽었을 뿐인데
몸값이 올랐다

나에게 변화가 일어나기 시작한 것은 누군가가 써둔 글 덕분이었다. 나보다 앞서 걸어간 사람들의 지혜를 바탕으로 신념이 만들어졌기 때문이다. 사람은 똑같은 행동을 하더라도 마음가짐에 따라 생산성이 달라진다. 따라서 우리는 무엇을 얻으려고 일하는지, 어떤 신념을 지니고 살아가는지 고민해봐야 한다.

다음은 연봉 3억을 이루게 해준 5가지 신념이다.

첫째, 투자는 나중 일이다. 일단 소득을 높이자.

둘째, 돈을 좇기보다 나만의 신념을 먼저 정하자.

셋째, 젊을 때는 닥치고 배워보자.

넷째, 직장을 이용해 나만의 능력을 모으자.

다섯째, 0.01% 확률이라도 높이도록 책을 읽자.

영향을 받은 책

『언스크립티드』엠제이 드마코

『부자 아빠 가난한 아빠』로버트 기요사키

『세이노의 가르침』세이노

『나는 왜 이 일을 하는가?』사이먼 사이넥

『장사의 신』우노 다카시

『쿨하게 생존하라』김호

몸값 올리는 독서법을
온몸으로 배우다

내가 소득을 높이려고 한 가장 큰 이유는 다음과 같다. 한번 올려 둔 몸값은 쉽게 떨어지지 않기 때문이다. 내 몸값을 올리는 것, 즉 내 가치를 올리는 것이 최고의 재테크인 셈이다.

낮잠도 잘 수 있는
직장에 들어가다

어느 날 우연히 〈매트릭스〉라는 영화를 다시 보게 되었다. 예전에는 화려한 액션만 보였는데, 세월이 흐르고 다시 보니 다음과 같은 의문이 들었다. '내가 매트릭스라는 공간에 살고 있는 건 아닐까?'

영화는 한 인물이 주인공에게 이런 말을 하면서 시작된다.

모피어스 "모든 사람은 매트릭스라는 가상의 세계에 살고 있어. 그
리고 이 세계는 진실을 못 보도록 눈을 가리지."

네오 "무슨 진실?"

모피어스 "네가 노예란 진실. 너도 다른 사람과 마찬가지로 모든 감
각이 마비된 채 감옥에서 태어났어."

그리고 말로는 설명이 안 된다면서, 직접 봐야 한다고 말하
며 알약을 권한다.

모피어스 "파란 약을 먹으면 침대에서 깨어나 네가 믿고 싶은 걸 믿
으며 살게 되고, 빨간 약을 먹으면 남들이 이상하게 보는
공간에 남아 살게 되는 거야."

이 대사를 듣고 '나도 모든 감각이 마비된 채 감옥에서 태
어난 건 아닐까?'라는 생각이 들었다. 그리고 엠제이 드마코가
쓴 『언스크립티드(부의 추월차선 완결판)』가 떠올랐다. 이 책은
여러 이야기를 하고 있지만 한 가지 메시지를 전한다. '인생을

살다 보면 부자가 될 수 없게 만드는 각본이 존재한다. 이걸 이해한 사람이 가난에서 탈출하게 된다'는 것이다.

로버트 기요사키가 쓴 『부자 아빠 가난한 아빠』에는 "돈이 나를 위해 일하게 만드는 관점을 배우는 것보다 돈을 위해 일하는 것이 훨씬 쉽다. 그래서 결국 돈의 노예가 된다. 그러고는 잘못이 없는 자기 상사에게 화를 낸다"라는 말이 나온다.

엠제이 드마코나 로버트 기요사키가 어떤 사람인지, 어떤 생각을 가지고 책을 썼는지, 어떤 방식으로 돈을 벌었는지는 내게 그리 중요하지 않았다. 그저 소설가 프란츠 카프카가 말한 것처럼, 내가 살아가는 방식을 깨뜨릴 만한 도끼 같은 책이었다고 할 수 있다. 나는 그때부터 여러 시선으로 세상을 볼 수 있는 관점을 얻기 위해 책을 읽어나갔다.

내 주변에는 부자가 없었고, 나는 강의나 세미나를 수강할 만한 돈이 없었다. 따라서 나에게는 책이 유일한 탈출구였다. 그렇게 공부하고 성장하면서 더는 각본 속 연기자로 살면 안 되겠다는 확신을 얻었다. 하지만 처음부터 이런 생각을 가졌던 건 아니다. 나는 내가 갖지 못한 것을 소유한 사람들을 부러워했고, 내가 믿고 싶은 것들만 보며 살았다.

그러던 어느 날, 불현듯 찾아온 다음 사건들 때문에 고정관념이 하나씩 깨지기 시작했다.

그래, 투자는 나중 일이다.
일단 소득을 높이자

물리치료사 신입 때였다. 일을 시작한 지 얼마 지나지 않아 사업을 하던 친구가 파일 하나를 보내줬다. '세이노의 가르침'이라는 글이었다. 부자가 되려면 꼭 읽어야 한다고 호들갑을 떨기에 일단 받아두었던 기억이 난다. 하지만 나는 몇몇 내용만 읽은 후에 더는 보지 않았다. 처음 시작이 다음과 같았기 때문이다. '좋은 의사를 만나는 법, 좋은 변호사를 만나려면…'.

흥미가 생기지도 않았고 재미도 없었다. 신입이라 배울 것도 많아 힘들어 죽겠는데 '좋은 의사, 좋은 변호사가 뭐 그리 중요한가' 싶었다. 땀이 줄줄 흐르는 지옥철을 견디며 출근하고, 정신없이 환자를 보고, 퇴근 후에는 전공 공부를 했다. 주말에는 축구도 하고 데이트도 해야 했기에 나에겐 시간이 없었다.

물론 핑계이긴 하지만, 지금도 충분히 열심히 살고 있다고 생각했다. 그렇게 나는 각본 속 연기자로 살아갔다. 5개월이 지났을 무렵, 문득 출퇴근하는 3시간이 아까웠다. 그래서 '책을 읽어보면 어떨까?' 생각했는데, 그런 생각을 하는 나 자신이 꽤 멋지게 느껴졌다.

그러나 사람들이 다닥다닥 붙어 있는 지하철에서 책을 꺼내 읽는다는 것은 거의 불가능했다. 그때 문득 예전에 친구가 보내준 '세이노의 가르침' 파일이 생각났다. 그렇게 나는 나와 같은 직장인들 사이에 껴서 부자는 어떻게 생각하고 어떻게 일하는지 읽어갔다.

'세이노의 가르침'을 쓴 사람은 보따리 장사부터 시작해 매년 평균 10억 원씩 소득세를 낸 한국인 사업가다. 그는 책을 내서 수익화를 한 적이 없고 모두 무료로 공개했다. 나와는 그릇의 크기가 차원이 다른 사람이다. 그만큼 신뢰도가 꽤 높다. 아무튼 거기에 나오는 여러 글 중에서 가장 인상적인 문구가 있었는데 다음과 같다.

"투자나 재테크는 나중 일이다. 일단 소득을 높여라. 돈 모으는 속도가 빠르면 재테크는 쉬워진다."

인상이 깊기는 했지만 내가 특별한 일을 시작한 건 아니었다. 이쯤에서 "나는 깨달았다! 그때 이후로 성공했다!"라는 말이 나와야 하는데… 나는 상상만 했고 또다시 주말과 휴가만 기다리는 직장인으로 살아갔다. 아무리 좋은 말을 듣고 소름이 돋아도 그때뿐이었던 것이다.

2017년 어느 날, 친구를 통해 비트코인을 알게 되었다. 얼마나 충격적이었는지, 아직도 그날을 생생하게 기억한다. "아는 형이 비트코인으로 몇억을 벌었고 아파트를 샀다는데?" 이 말을 듣고 점심시간에 잠깐 찾아봤다. 그런데 도무지 어떤 원리인지 이해가 가지 않았다. 그렇게 잊어버리고 몇 주가 지난 뒤 친구들과 바다를 보러 갔다.

분위기에 취해서 그랬는지, 기분이 좋아서 그랬는지 친구들과 각자 10만 원씩 비트코인을 사보기로 했다. 그런데 몇 시간도 지나지 않아 수익률 30%를 경험했다. 그날 밤 샤워를 하면서 '직장은 그만둬도 되겠는데?'라는 행복한 상상에 빠져들었다. 사실 10만 원을 넣고 수익률 30%라고 해봤자 수익금은 고작 3만 원이었다.

나는 바보가 아니기 때문에 당연히 더 많은 돈을 비트코인에 넣었다. 그쯤에서 멈췄다면 좋았는데, 이미 내 눈은 돌아가 있었다. 나는 확신을 가지고 누나를 설득해 돈을 더 넣었다. 그렇게 나는 살면서 처음으로 자본주의의 쓴맛을 제대로 경험했다.

부모님이 이 글을 읽을 수도 있어 더는 말하지 못하지만, 영화 〈작전〉에 나온 대사가 생각난다. "바닥인 줄 알고 사는 놈들, 지하실 구경하게 될 겁니다." 그렇게 나는 '이제 절대로 다시는 안 해!' 다짐하며 코인 시장을 떠났다.

그러던 어느 날, 휴대폰 메모장을 정리하다가 예전에 적어둔 문구를 우연히 보게 되었다. "투자나 재테크는 나중 일이다. 일단 소득을 높여라. 돈 모으는 속도가 빠르면 재테크는 쉬워진다." 이 글을 읽고 과거의 경험을 토대로 생각해봤다. 내가 처음에 10만 원을 투자해서 30% 수익을 봤을 때 번 돈은 고작 3만 원이었다.

물론 3만 원도 큰돈이지만 나는 '천만 원을 넣었으면 300만 원이네?'라는 생각을 하게 된 것이다. 소득이 적은 사람은 상대적으로 투자금이 적을 수밖에 없다. 아무리 수익률이 10%라고 해도 100만 원을 넣으면 10만 원이다. 그러니 무리해서 돈을 더 넣게 될 확률이 높아진다.

이걸 통제할 수 있는 사람은 내가 하는 말을 무시해도 좋다. 그렇지만 인간의 본성은 그렇게 쉽게 이길 수 있는 상대가 아니다. 판단력이 흐려지는 상황에서 인간의 본성은 더욱더 강력해진다. 이건 내가 직접 여러 번 몸으로 경험하며 알게 된 진리에 가깝다. 반면에 근로소득이든 사업소득이든 소득이 많은 사람이라면 어떨까?

내가 월 천만 원을 벌고 있다고 가정해봤다. 소득 중 20%만 주식에 넣어도 월 200만 원이다. 즉 투자금이 많으면 높은 수익률을 보지 않아도 어느 정도 만족할 수 있다. 물론 개인 성향에 따라 다르겠지만, 무리해서 넣지 않을 가능성이 높다. 또한 하락장이 와도 소득이 받쳐주기 때문에 정신적인 스트레스가 크지 않을 것이라는 결론을 내렸다.

앞서 말한 이유와 함께 내가 소득을 높이려고 한 가장 큰 이유는 다음과 같다. 한번 올려둔 몸값은 쉽게 떨어지지 않는다는 점이다. 내 몸값을 올리는 것, 즉 내 가치를 올리는 것이 최고의 재테크인 셈이다. 물론 좋은 집안에서 태어나거나, 돈 많은 이성과 결혼하는 게 베스트일 수도 있지만 이는 그리 쉬운 일이 아니다.

따라서 나는 현재를 인정하고 내가 할 수 있는 최선의 길을 선택하기로 했다. 내가 가장 먼저 할 수 있는 일은 무엇이었을까? 물리치료사로서 최고가 되어 월급을 높이는 것 말고는 달리 방법이 없었다. 내가 하는 일을 바탕으로 한 당연한 접근이었다. 그때는 몰랐지만, 이 사건이 나의 몸값을 올려줄 첫 번째 변화였다.

내게 주어진 역할
그 이상을 해보자

물리치료사 선배들 가운데 돈을 잘 버는 사람은 어느 병원에서 일하는지, 어떤 교육을 들었는지, 어떤 일을 하고 있는지 조사했다. 그렇게 해서 연봉을 최대한 올릴 수 있는 병원을 찾았고, 그 병원에서 일하는 소장님에게 '배우면서 일하고 싶다'는 내용으로 이메일을 보냈다.

감사하게도 같이 식사하게 되었고, 소장님은 다음과 같은 말을 해줬다. "지금 다니고 있는 병원보다 월급이 적을 거고,

하는 일도 한 단계 낮아질 거예요. 이걸 1년 넘게 할 수도 있습니다."

월급도 줄어들고, 하는 일도 이전 단계로 돌아가고, 출퇴근 시간도 늘어난다니! 당연히 주위에서 모두가 말렸지만, 나는 이미 신념을 정했기 때문에 직장을 옮기기로 했다.

사이먼 사이넥이 쓴 『나는 왜 이 일을 하는가?』에 따르면, 사람이 신념이 있으면 의사결정이 단순해지고 뭘 해야 하는지 명확해진다고 한다. 예를 들어 '예쁜 게 최고'라는 신념이 있으면 가격이나 기능은 신경 쓰지 않는 것처럼 말이다. 나도 '일단 소득을 높이자'고 신념을 세웠기에 해야 할 일이 단순해진 것이다.

그렇게 월급을 낮추고 직장을 옮긴 뒤 퇴근 시간이 되어도 항상 병원에 남았다. 막차 시간인 11시 20분 전까지 남아서 치료 연습과 이론 공부를 했다. 물론 '집에 가서 할까?' 생각한 적도 있다. 옷도 편하게 입고, 주변 신경 쓰지 않고 하면 더 잘될 것 같았기 때문이다.

그러나 내가 군대에서 배운 한 가지가 떠올랐다. 바로 보여주기도 꽤 중요하다는 사실이다. 언젠가 내게 기회를 줄 사람은 내가 열심히 했는지 안 했는지 눈으로 보지 않으면 알 수가 없다. 결과로 보여주기가 쉽지 않은 것이, 그 기회가 언제 올지 모르는 상황이 대부분이기 때문이다.

그래서 나는 어차피 집에 가서 할 거라면 남들에게 보여줄 수 있는 병원에 남기로 했다. 물론 정해진 날짜가 없는 기다림은 나를 지치게 했다. 어느 날은 술을 마시고 소장님에게 찾아가 그만둬야 할 것 같다고 하소연한 적도 있다. 그냥 포기하고 이전으로 돌아가 편하게 살고 싶었다. 그런데 나는 그런 상황을 어떻게 극복해냈을까?

특별한 건 없다. 나는 지쳐갈 때마다 책을 읽었다. 그 당시 나를 붙잡아준 것은 "지금 하는 일이 만족스럽지 않더라도 그 분야에서는 귀신이 되어라"라는 세이노의 글이었다. 그분의 얼굴도 모르고 만나고 싶어도 만날 수 없지만, 그 덕분에 부자는 어떻게 기회를 만드는지 간접적으로 배울 수 있었다.

책을 읽으며 흔들리는 마음을 다잡았다. 소장님의 치료하는 모습이 담긴 영상을 최소 100번은 돌려봤다. 작은 습관이나 멘트까지 다 외울 정도로 말이다. 치료사의 손바닥이 어디를 향하고 있는지 자세히 보고, '이 사람은 왜 어깨 관절을 치료했을까? 왜 저런 움직임을 췄을까?' 스스로 질문해보고 답을 찾아

봤다. 그리고 소장님의 치료하는 모습을 보며 해골 모형에 대고 연습을 했다.

그렇게 나는 항상 마지막으로 퇴근했고 청소하시는 분이 올 때쯤 병원을 나갔다. 어느 날은 소장님과 술을 마시고 나서 새벽 2시에 병원으로 들어가 치료 연습을 한 적도 있다. 심지어 주말에도 병원에 나가 연습했다. 책에서 말한 대로 도수치료에 있어서는 귀신이 되고 싶었기 때문이다. '내게 주어진 업무도 제대로 못 하는데 다른 일은 잘할 수 있을까'라는 의문이 나를 움직이게 만들었다.

이건 업무에만 해당되는 건 아니다. 회식 장소를 알아봐야 하는 날에는 퇴근하고 4~5군데를 돌아다녔다. 메뉴는 어떤지, 주차하기는 편한지, 자리는 어떻게 되어 있는지, 독립된 공간이 있는지, 주로 어떤 손님들이 방문하는지 같은 분위기까지도 체크했다. 내게 주어진 역할 이상을 하려고 노력한 것이다. 그 정도는 해야 최선을 다했다고 말할 수 있을 것 같았다.

그렇게 11개월이 흘러갈 때쯤 좋은 자리가 생겼고, 소장님은 나에게 먼저 제안해주셨다. 드디어 기회가 온 것이다. 나는 준비가 되어 있었기 때문에 기꺼이 제안을 받아들였다. 그렇게 나는 고작 3년 차 때 개인 치료실을 얻었다. 지금은 이런 시스템이 대중화되어서 어떤지는 모르겠지만, 그 당시 내가 정말 간절히 원하고 원했던 개인 공간이었다.

원장님과 다른 층을 쓰기 때문에 예약 환자가 없으면 책을 읽거나 낮잠을 잘 수도 있었다. 나와 같이 경제적 자유를 꿈꾸던 한 직장 동료는 내게 이런 말을 했었다. "진짜 이런 직장이 어디 있을까요? 하루 2~3시간씩이나 자기계발을 할 수 있다니!"

직장 연봉이 2배로 오른 덴 이유가 있었다

실제로 효과는 좋았다. 거짓말처럼 3개월 만에 병원 내 매출 1등이 되면서 월급이 2배 가까이 올랐다. 환자를 대하는 사고방식 자체가 변했고, 계속해서 공부를 이어갔다.

신념이 정해지면
의사결정은 단순해진다

꿈에 그리던 병원에 들어간 나는 도수치료 업무 쪽에서는 막내였다. 3년 차가 들어온 적은 없었다는 말을 들었기에 뿌듯하면서도 부담감이 꽤 컸다. 성과를 내지 못하면 "역시 이래서 저연차는 받으면 안 된다니까"라는 말이 나올 것 같았기 때문이다. 그 와중에 나는 이 병원에서 많은 돈을 벌 수 있을 거라는 기대에 부풀어 행복했다.

그러나 현실은 달랐다. 내가 치료한 환자분들 중 대부분이 다시 오지 않았던 것이다. 그러자 나는 '내가 치료를 못 하는 건가? 재능이 없나?'라는 큰 자책감에 빠졌다. 그러던 어느 날, 한 책에서 내가 가진 문제를 발견했다. 사이먼 사이넥이 쓴 『나는 왜 이 일을 하는가?』다.

이 책에는 최고의 성과를 낸 사업가들은 어떤 생각으로 일을 하는지에 관해 담겨 있다. 여러 이야기를 하고 있지만 다음과 같은 메시지를 전한다고 본다. "성공한 사업가들은 모두 '왜'에서 시작했다. '왜'가 정해지면 의사결정은 단순해진다." 여기에서 말하는 '왜'는 신념이라고 할 수 있다. 대부분의 사람은 어떤 상품을 판매할지, 어떻게 마케팅해서 판매할지에 집중한다고 한다.

그런데 최고의 성과를 만든 사람들은 신념에 따라 무엇을 판매할지, 어떻게 판매할지를 결정한다고 한다. 언뜻 별다른 차이가 없어 보이지만, 그들은 우선순위가 달랐다. 사실 처음에는 '이게 무슨 소리인가' 싶었는데, 다음과 같은 질문들에 답하면서 이해하게 되었다.

첫째, 당신이 지금 하는 일은 무엇인가?

둘째, 당신이 지금 하는 업무는 어떻게 하는 건가?

나는 책을 읽으며 이 질문들에 혼자 답해봤다. 첫째, 나는 물리치료사로서 도수치료를 한다. 둘째, 환자가 오면 통증 부위와 관련된 여러 테스트를 진행한다. 그리고 평가 결과에 따라 근육이나 관절 같은 부분을 손이나 팔꿈치 등을 이용해 치료한다. 여기까지는 쉽게 대답할 수 있었다. 문제는 마지막 질문이었다.

셋째, 당신은 그 일을 왜 하는가?

나는 멈칫했다. 잠시 고민을 하고 나온 답은 "전공이 그쪽이라"였다. 그런데 책에서는 '돈을 벌기 위해서, 먹고살기 위해서, 그냥 하고 있는 일이라' 따위는 '왜'가 아니라고 했다. 저자가 원하는 답은 내가 일을 하는 이유, 즉 '신념'이었다. 매일 아침에 무엇을 위해 출근하는지, 나를 움직이는 명확한 신념이 있어야 한다는 것이다.

앞서 말한 책을 개인적으로 해석해보자면, 대부분의 사람은

'무엇을'에서 시작한다. 그런데 최고의 성과를 만들어낸 사람은 '왜'부터 시작했다. '왜'라는 신념을 실현하려면 어떤 공부를 해야 할지가 정해지고, '무엇을' 만들어야 하는지 답이 간결하게 나온다. 그런데 나는 신념은 없이 로봇처럼 일하고 있었다. 결국 문제가 생겼을 때 쉽게 좌절하고, 발전에 한계가 있었던 것이다.

나만의 명확한 신념을 만들어내다

그렇게 나는 '나의 신념은 무엇인가'를 꽤 오랜 시간 고민해봤다. 쉽게 답이 나오지 않았지만, 우노 다카시가 쓴 『장사의 신』에서 영감을 받았다. 우노 다카시는 '손님의 웃음이 전부다'라는 신념이 있었다. 신념에 따라 가게를 리모델링하고 메뉴를 만들었다. 손님에게 하는 멘트도 신념에 따라 정했다고 말한다. 그 덕에 나는 '환자의 만족도가 우선이다'라는 결론을 낼 수 있었다.

다음 이미지는 그때 당시 내가 기록해둔 나의 신념이다.

나의 [도수치료 신념] Why   Aa **B** *I* ≡

1. 도수치료
환자의 만족도가 우선이다.

단순하다.
환자가 만족하도록 모든 것을 한다.

그들이 이해할 수 있도록 쉽게 설명하고,
그들의 니즈를 충족시키도록 집중 치료하고,
이야기를 잘 들어주고(경청),
관리를 받고 있다고 느끼게 해주는(관심과 정성) 것이다.

만족도가 높아지면 신뢰가 높아진다.
그러면 나의 치료를 본격적으로 할 수 있다.

'왜'로 시작하면 출근하는 마음가짐과 의사결정은 단순해진다.

'환자의 만족도가 우선이다'라는 신념을 정했더니 쉬운 설명, 집중 치료, 경청, 관심과 정성이 필요하다는 '어떻게'가 나왔다. 그러자 이 4가지를 실현하려면 내가 무엇을 공부하고 무엇을 해야 할지가 명확해졌다.

물론 고작 신념 하나 먼저 정했다 해서 드라마틱한 변화가 펼쳐지지는 않을 것이다. 하지만 똑같은 행동을 하더라도, 해야 할 이유가 있는 사람은 마음가짐 자체가 다르다. 그리고 경험상, 그러한 행동에는 분명 다른 결과가 나온다.

그렇다면 나는 어떤 공부를 했을까? 바로 인간관계였다. 앞에서 언급한 4가지 요소 모두 인간관계라는 주제에 포함되기 때문이다. 나는 인간관계에 도움이 되는 설득, 대화법과 관련된 책을 읽어갔다. 읽기만 한 것이 아니라, 환자 유형과 상황에 따른 멘트법을 만들었다. 즉 환자와 대화하며 관계를 형성하고 나서 그들의 불편한 부분을 치료해준 것이다.

물론 치료를 잘하는 것이 제일 중요하다. 하지만 치료는 기본 중의 기본이기 때문에 제외했다. 전공을 내팽개치고 다른 요소만 찾아서 공부한 것이 아니라는 말이다. 그런데 과연 이러한 것들이 효과가 있었을까? 개인적인 경험이라서 일반화할 수는 없지만, 실제로 효과는 매우 좋았다. 거짓말처럼 3개월 만에 병원 내 매출 1등이 되었고, 월급이 2배 가까이 올랐기 때문이다.

앞에서 언급한 것처럼, 당연히 치료 분야도 계속해서 공부했다. 다만 환자를 대하는 사고방식 자체가 변한 것이다. 이런 결과가 운이었을 수도 있지만, 나는 우연이 아니라고 확신한다. 만약 내가 월급이 줄어드는 것이 두려워 직장을 옮기지 않았다면, 11개월 동안 퇴근 후에 남아서 공부하지 않았다면, 환자와의 관계를 위해 책을 읽지 않았다면 어땠을까? 눈앞에 보이는 수익에 빠졌다면 어땠을까?

아마도 행운이 다가올 확률은 제로였을 것이다. 이런 모든 행동의 근거는 책에서 나왔다. 내가 행동할 수 있었던 것은 다른 사람의 경험을 읽고 관점의 변화를 줬기 때문이다. 나는 나보다 앞서 걸어간 선배들의 이야기를 통해 단단하게 굳어진 고정관념을 깰 수 있었다.

월급이 아닌
월세를 받기 시작하다

내가 이룬 결과만 보고 '쉽게 돈을 번다'며 욕하는 사람들이 휴식을 즐길 때, 나는 주말에도 부동산을 보러 갔었다. 뭔가를 이루려면 결과보다 과정을 보는 관점을 길러야 한다.

돈이 나를 위해
일하도록 만들자

나는 물리치료사로 일하면서 동료들 몰래 직장 탈출을 준비하고 있었다. 그렇다고 물리치료사로 일하는 것을 싫어하지는 않았다. 사람들이 직업 만족도를 물어보면 10점 만점 중에서 9점이라고 말할 정도였으니 말이다. 다양한 직업을 가진 환자분들과 나누는 대화도 좋고, 그들 삶의 질을 높여줄 수 있다는 데 뿌듯함을 느끼기도 했다. 그런데 다음과 같은 이유로 직장을 탈출해야겠다고 확신했다.

어느 여름날, 음식을 잘못 먹고 장염에 걸렸는데 면역력이 떨어지면서 편도염까지 앓았다. 겪어본 사람은 알겠지만, 온몸에서 힘이 빠지고 도저히 일할 수 없는 상태였다. 하지만 우리 병원은 예약제로 운영하는 시스템이어서 나는 일을 해야만 했다. 그렇게 눈이 반쯤 풀린 상태로 환자를 치료하고 지옥 같은 하루를 보내면서 '이런 식으로 20~30년은 못 살겠다'는 생각이 들었다.

나는 직장에서 소득이 남보다 많으면 행복할 줄 알았다. 물론 월급을 받는 순간에는 행복했지만, 솔직히 말하면 나의 인생은 이전과 달라진 게 없었다. 똑같이 출퇴근하고, 똑같이 주말과 연차만 기다렸다. 소득 증가에 따라 비싼 호텔에 가거나 명품을 사는 것도 물론 행복일 수 있다. 하지만 나는 술도 거의 안 마시고 고급시계나 명품 지갑을 사본 적도 없다.

누나가 결혼할 때 도와줘서 고맙다며 지갑을 사주겠다고 했을 때 나는 6만 원짜리 가죽 지갑을 사달라고 했다. 이런 점에서 내가 구두쇠인가 생각해봤는데, 꼭 그렇지는 않다. 가족이나 주위 사람들에게 몇백만 원씩 쓰기도 한다. 단지 돈을 쓰는데 나만의 가치관이 확실하게 있을 뿐이다.

아무튼 직장 월급이 오른다고 해서 마냥 행복하지는 않았다. 그때부터 '행복하려고 돈을 버는 건데 왜 행복하지 않을까?'라는 질문이 그림자처럼 따라다녔다. 오랜 시간이 흐르고 나서야 답을 찾았다. 누군가 정해둔 공간과 시간이라는 틀에 갇혀 자유롭지 못하다고 여겼던 것이다. 정해진 업무를 반복적으로 하고 고정된 값이 나오는 삶이 나와 맞지 않았다.

문제의 원인을 인지하고 책을 읽어갔다. 머릿속에 자연스럽게 재료가 쌓이다 보니 욕망과 목표도 달라졌다. 물론 방향은 이전과 같았다. '가족을 지키기 위해 돈을 벌어야겠다'는 방향성 말이다. 다만 목적지까지 자동차를 타고 갈지, 비행기를 타고 갈지, 이동 수단이 조금 수정되었을 뿐이다.

그때쯤 다시 읽어본 책이 로버트 기요사키가 쓴 『부자 아빠 가난한 아빠』다. 여기에는 이런 말이 나온다. "부자가 되기 위해서는 돈이 나를 위해 일하게 만들어야 한다. 부채가 아닌 자산을 만들어라." 직장 월급을 높이는 데 한계가 보였기 때문에 나는 자연스럽게 자산을 만드는 데 관심을 기울였다.

왜냐하면 많은 환자가 나를 찾는다고 해도 내 몸은 하나이기 때문이다. 시간이 지남에 따라 내 몸은 약해질 것이고, 불의한 사고를 당한다면 모든 걸 잃게 될 수도 있다. 그런 생각을 할 때쯤 지인에게 연락이 왔다.

젊을 때는
닥치고 배워보자

2018년 11월, 지인이 '동남아 오픈마켓'에 관한 3시간짜리 세미나를 같이 들어보자고 제안했다. 그런 시장이 있다는 걸 그때 처음 알았다. 사실 돈이 아까웠다. 지금 생각해보면 그때 내가 왜 그랬는지 이해가 잘 가지 않는다. 술자리에서는 그렇게 잘 쓰면서 새로운 배움에는 왜 그리도 아꼈는지. 과거로 돌아가서 한마디 해주고 싶다. 그때 그 사소한 경험으로 네가 자유롭게 일하며 살고 있으니 주저하지 말라고.

한참을 고민하다가 세이노 선생님의 글을 떠올렸다. "젊을 때는 닥치고 배워라. 이게 나에게 도움이 될까? 고민 따위 하

지 마라." 나는 5만 원을 내고 3시간짜리 원데이 클래스를 신청
했다. 참고로 동남아 오픈마켓은 '큐텐'이라는 홈페이지를 통
해 직구 대행을 하는 것이다. 강사는 슬리퍼를 신고 왔고 6인
용 스터디룸에서 강의를 했다.

동남아 오픈마켓은 하다가 얼마 못 가서 접었다. 왜 하는지
몰랐고 재미도 없었기 때문이다. 물론 강의를 신청하지 않았
으면, 해보지 않았다면, 이 분야가 나와 맞는지 안 맞는지 알지
못했을 것이다. 그리고 무엇보다, 이 작은 경험이 훗날 나의 인
생 터닝 포인트로 돌아오게 된다. 그 이야기가 다음 파트에서
나올 것이다.

이후에도 나는 투자 시간 대비 많은 돈을 벌 수 있는 자산
을 만드는 데 관심을 계속 두었다. 그러다 우연히 부동산 경매
를 알게 되었다. 사실 이것도 1~2년 전에 친구가 말해줬지
만 "대단하네"라고만 했을 뿐 흥미가 생기지 않았다. 나와는 전
혀 다른 세상으로 보였기 때문이다. 그런데 여러 경험을 하면
서 그때는 보이지 않던 것들이 보이기 시작했다.

내가 부동산 경매를 한다고 했을 때 주위 시선은 달갑지 않
았다. 단 한 번도 긍정적인 말을 들어본 적이 없을 정도다.

나는 경험자의 말이 아니면 무시하는, 좀 특이한 면이 있는 사람이다. 존경하는 부모님의 말씀이라고 해도 마찬가지다. 물론 걱정돼서 하는 말일 수도 있지만, 경험자의 조언이 더 중요하다는 것을 경험적으로 알고 있었다. 그래서 물리치료사로 일하면서 경매 투자 관련 책을 2~3권 정도 읽으면서 먼저 배경지식을 쌓았다. 그러자 어느 정도 부동산 경매에 대한 감이 생겼다.

이후에 나와 성향이 비슷한 사람을 찾아 강의를 들었다. 참고로 나는 강의 내용보다 강의하는 사람의 스토리를 먼저 보는 편이다. 가치관이나 말투를 보면서 나와 결이 맞는 사람인지 본다. 이러한 전략은 돈을 낭비하지 않게 해주기 때문에 중요하다. 왜냐하면 나는 내성적인 편이라 대담하고 로봇 같은 강사와는 맞지 않기 때문이다.

아무튼 그렇게 찾은 강의 수강료는 몇백만 원이었기 때문에 스물여덟 살인 나에겐 꽤나 부담이 컸다. 그리고 비트코인으로 이미 많은 돈을 날렸기 때문에 두려움도 있었다. 하지만 '젊을 때는 닥치고 배우자'는 신념을 따르기로 했다. 솔직히 이 돈을 아낀다고 해도 내 미래가 크게 바뀔 것 같지 않았기 때문이다.

그렇게 나는 8개월 만에 빌라 3채를 낙찰받았다.

월세 132만 원을 받아 대출이자와 세금을 제하고 월 순익 90만 원에 이르는 자동 수익이 만들어진 것이다. 아, 자동 수익이라 해서 오해하지 않길 바란다. 간혹 유튜브를 보면 불로소득이라는 말과 함께 비난하는 사람이 있다. 그러나 임대업을 해본 사람이라면 알겠지만, 이렇게 세팅하는 과정이 그리 만만치가 않다. 세팅한 뒤에도 임차인 관리를 해야 하고, 노후와 하자 보수 리스크도 있다.

물론 일반적인 노동에 비해 상대적으로 쉽게 돈을 버는 구조이기는 하다. 하지만 나는 이 3채를 맞추기 위해 대부분의 연차를 경매 입찰하러 가는 데 썼다. 내가 직접 가지 못할 때는 친구에게 일당을 주고 부탁했다. 많은 사람이 휴식을 즐길 때, 나는 주말에도 부동산을 보러 갔다. 앞으로도 여러 번 말하겠지만, 뭔가를 이루기 위해서는 결과보다 과정을 보는 관점을 길러야 한다고 생각한다. 나는 그렇게 믿고 있다.

스물아홉 살,
시간당 30만 원을 벌다

> 내 몸값을 올려준 것들은 내가 고정관념을 깨고 시작할 수 있도록
> 만들어준 '사고방식의 유연함'이었다. 그러한 유연함은 책을 읽고
> 다양한 관점이 생기면서 비로소 만들어졌다.

나만의 업을
찾아보자

나는 스물여덟 살 때부터 "서른다섯 살 이전에 조기 은퇴할
거야"라는 말을 하고 다녔다. 부자들의 관점을 흡수하면서 충
분히 가능하다고 믿었기 때문이다. 책을 읽는다는 것은 내가
경험해보지 못한 데이터를 얻는 일이다. 그러면 평소 생각지도

못했던 일들이 가능하겠다는 확신이 생기기도 한다. 어떻게 보면 자만이라 할 수도 있겠지만, 나는 경제적 자신감이라 말하고 싶다.

그때 김호가 쓴 『쿨하게 생존하라』를 읽었다. 직장이 전부라고 여기던 나에게 '직장을 다니면서 업을 찾아야 한다'는 방향성을 알려주었다. 상대적으로 안정적인 직장 안에서 혼자서도 돈을 벌 수 있는 능력을 만드는 것, 그것이 나의 새로운 목표가 되었다.

나는 물리치료사로서 근로소득을 최대로 올리고, 월 100만 원 임대소득을 만들었다. 부동산 투자를 계속하고 싶었지만 투자금을 다시 모을 동안 할 수 있는 게 없었다. 그래서 나는 '직장 탈출을 위한 능력 만들기'를 우선순위로 삼았다. 일단 인터넷에서 쉽게 접할 수 있는 스마트 스토어를 해봤다. 관련된 책을 구매해 읽었고 유튜브를 보며 공부했다.

중국에서 고양이 숨숨집을 대략 300만 원을 주고 가져왔다. 사람들이 왜 고양이 집을 했냐고 물어보는데, 나도 잘 모르겠다. 분명 어떤 이유가 있었겠지만, 왜 갑자기 고양이 집을 했는지 아무리 생각해봐도 떠오르지 않는다. 또 무엇보다 돈 없이도 시작할 수 있는 방법이 있는데, 왜 군이 300만 원을 투자했는지도 이해가 가지 않는다.

그 대신 또렷하게 기억나는 것이 있다. 스트레스를 엄청 받았다는 것만큼은 선명하다. 기록해둔 걸 보니 중국 판매자와 협상, 창고비, 관세, 핸들링, 맞춤 박스 등을 처리하는 일이 은근히 까다로웠던 듯하다. 아무튼 물리치료사로 일하면서 하나하나 해결해나가기는 했지만 결국 접었다.

'내가 왜 퇴근을 하고 새벽 2~3시까지 택배를 포장해야 하지? 내가 왜 CS 관리를 하고 있지?'라는 회의감이 들었기 때문이다. 물론 잘된다면 직원을 쓸 수도 있지만, 어찌 됐든 내 성향과는 맞지 않았던 것이다. 그보다는 좀 더 의미 있는 일을 하고 싶었다.

내가 심어둔
작은 씨앗들

혹시 이전 챕터에서 말한 동남아 오픈마켓 큐텐 강의를 기억하는가? 비록 강사는 최악이었지만 이 강의가 나의 업을 찾게 해준 시작점이었다. 왜냐하면 이때 재능 공유 플랫폼이라는 걸 알게 되었기 때문이다. '일단 닥치고 배우자. 이게 나에게 도움이 될까 하는 고민 따위는 하지 마라'는 정말 진리라는 것을 이때 실감했다. 1~2년 전에 심어둔 작은 씨앗이 자라난 것이다.

큐텐 강의를 들으면서 '나도 할 수 있겠는데?'라고 생각했었다. 그때의 경험을 계기로 '내가 할 수 있는 게 뭐가 있을까?'라는 질문을 계속해서 스스로에게 해봤다. 결국 '내가 하고 있는 경매 투자를 해볼까?'라는 생각으로 이어졌다. 그렇지만 사실 겁이 나서 바로 시작하지는 못했다. '어려운 질문을 하면 어쩌지?' '내가 스물여덟 살인데 어떻게 가르치지?'라는 막연한 두려움이 들었기 때문이다.

이때쯤 브렌든 버처드가 쓴 『백만장자 메신저』를 읽었다. 메신저는 자신의 경험을 전달하고 일정한 대가를 받는 사람을 말한다. 이 책을 읽고 나서 그동안 내가 지녔던 관점이 뿌리째 뽑혀나갔다. 그전까지는 내가 누군가를 가르칠 수 있다는 것을 상상조차 하지 못했지만, 그저 친구에게 말하듯 전달해주면 된다는 것을 알게 되었다.

책을 읽고 영감을 얻은 나는 룸메이트에게 달려가 다음과 같이 말했다. "경매에 대해 아무것도 모르는 사람이 배경지식을 쌓을 수 있을 정도로만 입문 강의를 하는 거야." 이렇게 말하고 나자 마음이 편안해졌다. 원인 모를 두려움이 사라진 것이다.

2019년 11월, 당연하다고 여겼던 나의 경험을 3명에게 전달하고 11만 원을 벌었다. 두려움과 설렘이 공존했던, 입술을 바들바들 떨던 그날이 아직도 선명하다. 흡사 방금 일어난 일처럼 말이다. 나는 그다음 날부터 책을 읽고 강의를 찾아 들으면서 메신저로서의 능력을 하나하나 키워갔다. 불과 한 달 만에 24명씩 교육생을 모아 강의했다. 3시간 일하고 번 순수익은 80만 원이었다.

이 과정에서 어떻게 하면 내 강의가 재능 공유 플랫폼에서 상위에 노출되는지 알게 되었고, 후기를 어떻게 달게 할지, 교육생과 어떻게 대화를 이어가야 하는지 등을 배웠다. 또한 상위 노출 로직을 관리하고 혜택을 줄 수 있는 담당자들의 관심을 받는 방법까지 알게 되었다. 이 능력들은 훗날 직장탈출학교를 만드는 훌륭한 밑거름이 된다.

내 몸값을 올려준 것들은 도수치료 능력에 이어 환자와의 관계, 경매 투자, 메신저 사업 등이었다. 사실 이런 것들은 누구나 돈만 내면 배울 수 있기 때문에 그리 중요하지 않다고 생각한다. 핵심은 내가 고정관념을 깨고 시작할 수 있게 만들어준 '사고방식의 유연함'이었다.

이러한 유연함은 다양한 책을 읽고 관점을 넓힐 때 비로소 만들어졌다. 아마 이 책을 끝까지 읽고 나면 당신은 '문제가 생길 때마다 책을 읽어야 해'라는 생각을 무의식적으로 하게 될지도 모른다. 그게 이 책을 구매해준 당신에게 내가 주고 싶은 첫 번째 선물이다.

구독자 수 20만
유튜버가 되기까지

> 내가 배우는 것들이 의미 없어 보일 때도 있었다. 하지만 이것들은
> 내게로 돌아와 고귀한 능력이 되었다. 쓸모없다고 여겨지는 배움
> 일지라도 언젠가 은혜를 갚는다는 것이 내가 알게 된 진리다.

디스크
읽어주는 남자

창피해서 한 번도 말하지 않았던 내용인데, 나는 원래 유튜브에서 건강 채널을 운영하려고 했었다. 채널명은 '디읽남'으로 '디스크 읽어주는 남자'의 줄임말이다. 왜 나는 (허리) 디스크 관련 유튜브를 하려고 했을까?

2018년 10월 무렵, 나는 척추 질환 카페에서 조회 수 1위를 달성한 글의 작성자였다. 카페에 글을 쓰게 된 계기는 다음과 같다. 아버지 다리에 쥐가 자주 나서 검사해보니 허리 디스크 부분 파열이었다. 증상이 악화해 병원에서는 수술을 권유했지만 최대한 수술을 늦게 받으면 좋겠다 싶었다. 그래서 그때부터 가끔씩 아버지 허리를 봐주었고 보존 치료를 어떻게 할지 계획을 세웠다.

나는 원래 물리치료사였다. 아무튼 그때 디스크 수술에 관해 알아보다가 한 카페를 알게 되었다. 그 안에는 일반인들끼리 경험을 공유하는 글이 많았다. 좋은 정보도 많았지만, 환자 유형에 따라 증상을 악화시키는 잘못된 운동 방법도 있다는 걸 발견했다.

그때 문득 '일반인이 잘 알지 못하는 배경지식을 말해주면 도움이 되지 않을까' 하는 생각이 들었다. 그래서 내가 공부하면서 알게 된 지식과 치료하면서 알게 된 정보를 최대한 객관적으로 카페에 적어나갔다. 디스크 질환은 왜 생기는지, 수술은 언제 고려하는 게 좋을지, 수술 없이 관리는 어떻게 하면 좋을지, 어떤 운동을 하면 괜찮을지 등 접근법에 대한 글이었다.

물론 물리치료사로서 한계가 분명 있기에 원장님들이 말씀해주신 점도 참고했다. 그렇게 쓴 글에 댓글이 60개 넘게 달렸고, 관리자가 내 글을 TOP 글로 올려줬다. 물론 내가 일하는 병원을 소개하거나 방문하라는 내용은 전혀 없었다. 아무튼 그때 경험을 살려 '디스크 읽어주는 남자'라는 유튜브 채널을 만들어보면 어떨까 싶었던 것이다.

기록해둔 걸 보니 '디스크 읽어주는 남자' '디스크 깨부시는 남자' '허리 디스크만 패는 남자' 등 채널명 후보가 다양했다. 지금 생각하니 내가 어떻게 저런 생각을 했나 싶어 쥐구멍이라도 있으면 숨고 싶을 정도다. 물론 어설프게 기획했던 순간들이 있었기에 지금의 내가 있을 것이다.

그런데 나는 왜 하지 않았을까? 특별한 이유는 없다. 단지 얼굴을 드러내고 할 자신이 없었을 뿐이다. 그 당시 나는 '유튜브를 하려면 얼굴을 공개해야 한다'는 고정관념을 가지고 있었던 것이다.

나도 유튜브를
할 수 있을 것 같아

2020년 초로 기억하는데, 그때까지도 '난 유튜브 절대 못해'라는 꽉 막힌 생각을 하고 있었다. 왜냐하면 나는 겁도 많고 내성적인 사람이기 때문이다. 내 얼굴을 보면서 말하는 게 너무 끔찍했고, 개인적인 생각을 불특정 다수에게 말하는 것도 두려웠다.

그러던 어느 날, 얼굴 없이 상반신만 드러내고 유튜브를 하는 사람을 우연히 봤다. 구독자 수도 꽤 많았던 걸로 기억한다. 그 순간 아무런 근거도 없이 '나도 유튜브를 할 수 있을 것 같아'라는 확신이 들었다.

왜 그런 기분이 들었는지 그때도 몰랐고 지금도 모르지만, 그 확신을 계기로 나의 인생은 전혀 다른 방향으로 흘러가기 시작했다. 참고로 나는 유튜브를 시작하면서 카메라나 조명을 구매하지 않았다. 장비를 세팅하는 데 많은 에너지가 들어가면 금방 지칠 것 같았기 때문이다.

쓰고 있던 휴대전화로 촬영하고 녹음했다. 지금 쓰는 마이크는 유튜브를 시작한 지 1년 반 만에 구매했고 2만 원도 안 되는 가격이다. 당연히 영상 편집 방법도 몰랐다. 문과생이었던 물리치료사가 언제 영상 편집을 해봤겠는가? 그렇다면 도대체 나는 어떻게 시작한 걸까?

그동안 스마트 스토어, 부동산 경매, 경매 강의 등을 해온 것처럼 책부터 읽었다. 그리고 유튜브에 있는 수많은 무료 교육 영상을 보며 어설프게 직접 편집해보고 업로드를 해봤다. 그때 당시 친구들은 대단하다고 말했지만, 솔직히 2~3일만 공부해도 누구나 할 수 있는 수준에 불과했다.

나는 화려하게 편집하는 게 아니라 영상 컷, 자막, 배경 음악만 넣었다. 그렇게 부동산 경매 관련 유튜브 채널을 시작했다. 오랫동안 구독자 수가 1,000명도 안 되었는데, 크리스마스 선물인가 싶은 마음이 들도록 2020년 12월 27일에 1만 명이 되었다. 이를 시작으로 유튜브 관련 강의를 찾아 수강했고 전달력을 높일 수 있는 방법을 찾아 책을 읽어나갔다.

이제부터가 핵심인데, 나는 전달력에 집중했다. 콘텐츠의 맛을 내는 건 포장지가 아니라 내용이라 생각했기 때문이다. 물론 자극적인 섬네일과 제목으로 호기심을 만드는 것도 필요하다. 하지만 그건 관심을 만드는 포장에 불과하다. 맛은 없고 겉모습만 화려한 음식은 결국 재방문을 이끌지 못한다.

나는 그러한 가설을 품고 수많은 영상을 보면서 분석하고 연구했다. 그때 알게 된 게 하나 있다. 똑같은 주제를 다루더라도 누군가는 조회 수가 많고 누군가는 조회 수가 적다는 것을. 두 영상을 비교해보니 전달하는 메시지는 비슷하지만 표현하는 방식이 달랐다. '전달력이 승패를 가른다'는 가설이 입증된 셈이다.

수치로 데이터화한 것은 아니지만, 나 스스로 설득되었다. 이후로 나는 전달력을 키우기 위해 공부하고 훈련했다. 이때도 역시나 큰 도움을 준 건 책이었다. 지금까지 몸으로 익힌 독서법을 전달력에 적용하면서 구독자가 10만 명, 20만 명이 넘는 〈내성적인 건물주〉 채널이 만들어졌다.

0.01%라도 확률을 높일 수 있다면?

지금까지 독자들이 별로 궁금해하지 않을 수 있는 내용까지도 말했다. 과정을 빼고 결과만 말하면 괜한 희망이나 절망감만 줄 수도 있을 것 같았기 때문이다. 아무튼 나의 몸값을 올려준 마지막 사건도 역시나 책과 함께였다. 책을 왜 읽어야 하냐고 말하는 사람도 분명 있을 것이다. 하지만 나는 내가 원하는 목표를 이룰 확률을 0.01%라도 올릴 수 있다면, 해볼 가치가 충분히 있다고 여기는 사람이다.

나의 목표는 사랑하는 사람들을 지킬 수 있는 것, 내가 좋아하는 일을 자유롭게 하며 사는 것이었다. 따라서 나는 목적지에 도착할 확률을 높여줄 '책 읽기'라는 행위를 적극 활용했다.

우리는 주변 사람들에게서 기회를 얻거나 인생의 터닝포인트를 경험하기도 한다. 또는 자신이 직접 경험하면서 쌓은 데이터를 이용해 기회를 만든다. 하지만 아쉽게도 우리의 몸은 하나이고, 주변 사람은 한정되어 있다. 따라서 주변 환경과 사람들이 과거와 똑같다면 별다른 영감을 얻을 수 없게 된다. 즉 당신의 인생이 변할 가능성이 매우 낮아지는 것이다.

그렇다고 당신이 좋아하는 사람들을 멀리하라는 말이 아니다. 나도 그러고 싶지는 않다. 돈보다는 건강과 인간관계가 더 중요하다는 사실을 누구보다 잘 알고 있다. 내게 있어서 돈은 행복하기 위한 수단일 뿐이지 전부가 아니다. 그래서 나는 주변 사람을 바꾸기보다는 책 속에서 새로운 배움을 얻으려 했다.

물론 내가 배우는 것들이 의미 없다고 여겨질 때도 있었다. 하지만 비록 하찮아 보일지라도, 내가 배워온 모든 것은 어떻게든 다시 돌아와 고귀한 능력이 되었다. 대학에 다니며 공사 현장 일을 한 것도, 물리치료사로 일하면서 얻은 기술까지도 말이다. 환자를 만족시키려고 공부한 대화법은 강의하는 데 도움이 되었다. 쓸모없어 보이는 배움일지라도 언젠가 은혜를 갚는다는 것이 내가 얻은 진리다.

이렇게 나의 몸값을 올려준 긴 이야기가 끝났다. 이제부터 본격적으로 당신의 몸값을 올려줄 독서법에 관해 말해보려고 한다. 목표를 이루고자 하는 당신의 인생에 긍정적인 변화가 찾아오길 바라며 썼으니, 부디 도움이 되길 바란다.

PART 2

책을 읽어도 내 인생이 달라지지 않았던 이유

돈, 인맥, 재능이 없는 내가 성공하려고 선택한 방법은 독서였다. 그런데 책을 읽어도 내 인생은 달라지지 않았다. 그 이유는 '일주일 안에 한 권 읽어야지' '이번 연도에는 100권 읽어야지'처럼 단순히 책을 '읽는 것'이 목표였기 때문이다. 읽은 이후에 행동이 없었다.

학교에서 배운 독서법과 부자에게 배운 독서법은 달랐다. 높은 점수를 받는 게 목적이 아니기 때문에 빠르게 읽을 필요도 없고, 굳이 요약할 필요도 없다. 그저 책 한 권에서 한 가지만 골라 자기 인생에 적용해보면 된다. 따라서 나는 책을 읽을 때마다 '1권 1진리'를 말하는 습관을 들였다.

책을 읽어야 하는 동기를 만들었다면, 책 읽는 습관을 만들어야 한다. 습관을 만드는 방법은 간단하다. 흥미가 가고 재미있으면 된다. 다음은 중간에 포기하지 않고 꾸준히 책을 읽는 데 도움이 되는 방법이다.

1. 내 상황에 필요한 게 뭔지, 나의 관심사가 뭔지 정한다.
2. 잘 읽히는 책을 고른다.
3. 하찮은 목표를 세우고 이뤄본다.

일주일에 한 권씩 책을 읽는데
나는 왜 부자가 안 될까?

내 인생에 변화가 없었던 이유는 한 가지, 책을 읽기만 했다는 것이다. 알고 나면 뻔하고 단순하지만, 단지 글을 읽는 행위가 중요한 게 아님을 그제야 깨달았다. 즉 따르는 행동이 없었던 것이다.

강남 건물주가 알려준
자수성가 비결

어릴 때부터 꾸준히 들어온 말이 있다.

"책을 많이 읽어라."

"책을 읽으면 머리가 좋아진다."

"책을 읽어야 인생을 지혜롭게 살 수 있다."

그렇게 나는 책을 읽기는 싫은데, 읽지 않으면 왠지 손해일 것 같은 찝찝한 기억을 지닌 채 어른이 되었다. 전문대를 졸업하고 물리치료사로서 일을 시작했다. 서울 곳곳에는 정형외과가 많고 일정한 수요가 있어서 안정적인 직업에 속했으며, 월급도 나쁘지 않았다. 하지만 나의 목적은 복지가 좋은 안정적인 직장이 아니었다.

어머니가 "보건 계열 공무원을 준비해보는 건 어때?"라고 종종 제안하셨지만, 나는 그때마다 기겁하며 손사래를 쳤다. 물론 내가 하고 싶다고 해서 쉽게 공무원이 될 수 있는 것도 아니다. 그저 나는 공간과 시간에서 자유로운 직업을 갖고, 가족을 지킬 돈을 충분히 벌어야 한다는 생각이 강한 사람이었다. 그런데 커다란 문제가 하나 있었다. 나의 욕망과 목적을 이루려면 무엇부터 해야 하는지 감조차 오지 않았던 것이다.

그러던 어느 날, 70대 어르신이 목 통증과 두통으로 치료를 받으러 오셨다. 당시 그 병원에서 40분 도수치료를 받는 데 드는 비용은 15만 원이었다. 실비보험이 없다면 치료받을 엄두조차 나지 않는 금액이다. 그런데 이 어르신은 실비보험 없이도 일주일에 두세 번씩 꾸준히 치료를 받으러 오셨다. 그래서 나는 실비보험 없이 치료받으러 오시는 이 어르신이 어느 정도는 부자일 것이라고 짐작했다.

치료를 하면서 이런저런 대화를 나누던 중 어르신이 "이번에 코로나 때문에 세입자들 임대료를 20% 낮춰줬어요"라고 말씀하셨다. 또한 강남에 건물이 있고 상속을 준비하고 있다는 이야기도 들었다. 나는 속으로 '와, 이 어르신의 자식들은 참 좋겠다'라고 생각하며 다음과 같은 질문을 이어갔다.

"젊으셨을 때 정말 힘드셨겠네요. 어떤 방법으로 자수성가 하신 거예요?"

어르신은 치료받는 동안 종종 자신의 인생 이야기를 풀어주셨다. 아주 오래전이라서 어느 정도 기억이 흐릿해졌지만, 나의 인생을 바꿔준 한마디는 또렷하게 기억한다.

"가진 것 없이 태어난 사람은 독서밖에 답이 없습니다."

이미 알고 있는 사실이었지만 그날은 왜 그리도 가슴이 두근거렸는지 모르겠다. 아마 단순한 조언이 아니라 어르신의 인생 이야기를 들었기 때문이 아닐까. 그때쯤 나는 독서 모임에 가입했다. 혼자 읽어도 되지만 독서 모임에 가입한 것은 다음과 같은 2가지 이유 때문이다. 첫째, 정해진 기간까지 책을 읽게 된다. 둘째, 사람들에게 내 생각을 말해줘야 하므로 제대로 읽고 정리하게 된다.

그런데 충격적인 것은 몇 개월이 지나도 나의 인생이 조금도 변하지 않았다는 사실이다. 당시 독서 모임을 하면서 이런 생각을 했었다. '아, 오늘도 책 한 권을 다 읽었다. 이렇게 모임에 나와서 생각을 나누니 뿌듯하군. 나 참 열심히 사는 것 같아.' 나는 모임에 나가 책을 읽고 있다는 뿌듯함과 만족감을 스스로 즐기고 있었다.

물론 이게 잘못된 것은 아니다. 삶의 원동력이 되기도 하고 실제로 큰 도움이 되기도 한다. 하지만 사람마다 목적이 다르고 욕망의 크기가 다르다. 나는 직장을 나와서 자유롭게 일하며 가족을 지킬 수 있는 돈을 버는 것이 목표인 사람이었기에 실질적인 변화가 없는 행위에는 분명 문제가 있다고 여겼다.

부자들의 독서와 나의 독서는
뭔가 달랐다

'왜 책을 읽어도 별다른 성과가 없을까?' 수십 번이나 스스로에게 질문해봤다. 그러한 자문은 점점 집착에 가까워졌다. 그렇게 나는 답을 찾기 위해 '책 읽는 방법'과 관련된 책을 찾아 읽기 시작했다. 그리고 돈을 들여 시간 관리법, 독서법 관련 세미나를 수강했다.

그때 가격으로 20만 원이 넘었던 걸로 기억한다. "아깝게 이런 걸 누가 돈 내고 들어"라고 비난할 수도 있겠지만 나는 충분한 가치가 있다고 여겼다. 10층이라는 건물을 세우려면 바닥 다지는 방법을 먼저 알아야 하는 것과 마찬가지다. 그렇게 나는 몸값을 올리기 위한 독서법을 찾다가 나의 문제점을 발견했다.

내 인생에 변화가 없었던 이유는 단 하나, 그저 읽기만 했다는 것이다. 알고 나면 뻔하고 단순하지만, 읽기만 하는 행위는 그리 중요하지 않았다. 즉 눈으로 글을 읽는 시간이 중요한 게 아니라는 말이다. 나는 '일주일 안에 한 권 읽어야지' '이번 연도에는 100권 읽어야지' 등등 단순히 책을 읽는 것이 목표인 사람이었다. 한 권 한 권 읽고 맨 뒷장에 읽은 날짜를 쓰면서 뿌듯해했었다.

나는 그동안 몸값을 올리기 위한 독서를 한 게 아니라 단순히 눈으로 글을 읽는 행위를 반복했을 뿐이다. 그에 따르는 행동이 없었다. 이 책에서 말하고 싶은 나의 메시지는 어쩌면 이 한 가지일 수도 있다. 내가 지금까지 학교에서 배워온 독서법과 부자에게 배운 독서법은 달랐다는 것이다. 다른 건 다 잊고 이것만 기억해도 좋다.

학교에서 배운 독서법 vs. 부자에게 배운 독서법

> 자신만의 목표를 이룬 사람들은 공통적으로 "책을 읽고 자신의 인생에 적용해봐야 한다"라고 말한다. 눈으로 빠르게 읽을 필요도 없고, 정해진 시간 안에 글쓴이가 말하는 메시지를 찾을 필요도 없다.

학교에서 배운
독서법

중학생 시절에 축구랑 게임만 하는 친구들이 있었다. 물론 그중 한 명이 나였다. 그런데 내가 속한 집단에는 '평균 80점은 넘어야 한다'는 보이지 않는 목표가 있었다. 그래서 나는 평균을 넘어서지 못할 때마다 어떤 자책감을 느끼곤 했다. 고등학

교에 들어가서는 '서울 안에 있는 대학교에 가야 한다' '4년제
는 나와야 한다'는 보이지 않는 목표가 있었다.

지금은 어떤지 모르겠지만 "전공을 보고 대학교를 선택해야
해"라고 내게 말해주는 어른은 없었다. 그렇게 어릴 때부터 '좋
은 대학에 가기 위해 공부해야 한다'는 목표가 주어졌다. 좋은
대학을 나와 안정적인 직업을 얻으면 부자가 되는 줄 알고 살
아온 것이다. 물론 그렇다고 공부를 열심히 했다는 뜻은 아니
니 오해하지 말기를 바란다.

이뿐만이 아니다. 초등학생 때부터 대학생 때까지 학교에서
반복적으로 강조하는 것이 바로 '독서'다. 세계적으로 부자이
거나 명성이 자자한 사람들은 모두 책을 많이 읽었다고 한다.
그런데 나는 어른이 되어서 이런 의문이 들었다. 왜 학교에서
는 책을 읽으라고 말하면서 어떻게 읽는지는 알려주지 않았을
까? 물론 다음과 같은 내용을 배운 기억은 난다.

1. 눈으로 빠르게 읽는 방법
2. 주제를 빠르게 찾는 방법
3. 빠르게 요약하는 방법

이러한 방법들이 학생에게 도움이 되는 능력은 맞다. 문제 푸는 시간을 줄이는 데 유용한 속독법, 좋은 점수를 받는 데 필요한 핵심 파악법은 학생에게 꽤 중요하다. 하지만 어른이 된 나는 점수를 높이려고 책을 읽는 게 아니다. 단지 재미를 느끼려고 책을 읽는 것도 아니다.

나는 나의 몸값을 올리기 위해, 새로운 능력을 얻기 위해, 부자가 되기 위해 책을 읽는다. 학교에서 배운 방법은 내가 책을 읽는 목적과는 전혀 다른 방향이었다.

가장 빠르게 성공하는
아주 단순한 방법

빨리 성공하는 방법은 아주 간단하다. 교수가 되고 싶으면 교수로 일하고 있는 사람에게 과정을 배우면 된다. 카페를 창업하고 싶으면 카페를 창업한 사람에게 배우면 된다.

예를 들어 연예인 노홍철은 이런 말을 한 적이 있다. 여행을 좋아하여 24세에 여행사를 차리고 싶었다고. 그래서 인터넷으로 가장 유명한 여행사를 검색해 한 달 반 동안 직접 찾아갔고,

25세에 대기업 부장이었던 아버지보다 더 많은 돈을 벌어서 용돈을 드렸다고 한다.

물론 노홍철이라는 사람이 지닌 자질이나 재능이 한몫했을지도 모른다. 내가 말하고자 하는 핵심은 자신이 되고자 하는 사람을 찾아 롤모델로 삼으라는 것이다. 그리고 그 사람이 이룬 결과만 보지 말고, 아무것도 이루지 못했을 때 무얼 했는지를 보고 참고하라는 것이다. 그걸 따라 하면 "100% 성공"이라고 보장할 수는 없지만 성공할 확률은 매우 높아진다.

나는 다음과 같은 경험을 해보았다. 내가 다니던 대학에 해외 인턴십 프로그램이 있었다. 한 학기 동안 제휴된 병원에서 일하고 오는 것이었다. 학점도 인정해주고 경력도 쌓을 수 있는데 비용까지 모두 지원해주니 누구나 가고 싶어 했다. 하지만 거기에는 영어 면접을 봐야 한다는 높은 문턱이 있었다.

당시 나는 수능 영어 6등급, 토익 200점대였다. 영어 학원을 다닌 적도 없어서 당연히 신청할 엄두조차 내지 않았다. 그러다 문득 '나같이 생각하는 학생이 대부분이겠지? 그러니 지원만 해도 가능성이 있지 않을까?' 하는 생각이 들었다. 정신 승리에 가까운 생각이었지만, 핑계 삼아 시도할 수 있었다. 그렇게 지원서를 낸 뒤에 내가 준비할 수 있는 게 무엇일까 생각해 봤다.

당장 영어 회화 학원을 가기에는 시간이 너무 없고, 단어를 외우는 것도 큰 의미가 없을 듯했다. 그때 한 교수님이 "인턴십 다녀온 애들한테 물어봐"라고 조언해주셨다. 나는 곧바로 선배 들에게 물어서 인턴십을 다녀온 학생 두 명을 만났다. 한 명은 입학 동기여서 밥을 사주면서 물어봤고, 한 명은 문자를 보내 양해를 구한 다음 전화 통화를 했다.

나는 그들에게 면접관이 어떤 질문을 했는지, 어떻게 대답 했는지, 어떤 내용을 준비하면 좋을지 등을 물어보았다. 그리 고 그들이 말해준 면접관의 질문과 대답 내용을 모두 녹음했 다. 그리고 거기에 나만의 생각과 스토리에 맞게 단어만 바꿔 문장을 달달 외웠다. 그 결과 두 명만 뽑는 인턴십 프로그램에 내가 뽑혔다.

물론 전문대라서 가능했을 수도 있고, 운이 좋았을 수도 있 다. 그렇지만 나는 스스로 도전해봤다는 데 의미가 있다고 생 각한다. 그리고 떨어졌다 하더라도 그 경험 덕에 영어를 어떻 게 공부하면 재미있는지 감을 얻을 수 있었다. 아무튼 그런 과정을 거쳐 나는 미국에 있는 병원에서 실습을 했고, 지원받은 비용을 아껴 다른 도시로 여행도 다녔다.

나는 이 같은 경험에서 다음과 같은 지혜를 얻었다.

'경험자가 거친 과정을 관찰하고 연구하는 것이 가장 빠른 방법이다.'

부자에게 배운
독서법

자, 몸값을 올리기 위한 독서로 돌아가보자. 자수성가한 사람들은 대부분 책을 읽으며 성장했고 꿈을 이루었다고 말한다. 따라서 앞에서 말한 원리에 따르면, 우리는 그들처럼 책을 읽으면 된다는 결론이 나온다. 간단하다. 그렇다면 부자들이 말하는 독서란 무엇일까?

자신만의 목표를 이룬 사람들은 '책을 읽고 자신의 인생에 적용해봐야 한다'고 공통적으로 말한다. 눈으로 빠르게 읽을 필요도 없고, 정해진 시간 안에 글쓴이가 말하는 메시지를 파악할 필요도 없다. 굳이 요약하지 않아도 된다. 그저 책 한 권을 읽고, 메시지 하나를 골라 내 인생에 적용하면 끝이다. 간단하면서도 가장 빠르고 강력한 방법이다.

이건 누구나 알고 있는 사실이다. 그렇지만 알기만 할 뿐 대다수는 몸값 올리는 독서법을 실천하지 않을 것이다. 왜냐하면 부자들이 말하는 책 읽는 방법은 너무나 쉬우니까. 쉽기는 한데 귀찮으니까.

인간은 쉬워 보이거나 만만해 보이면 가치가 없다고 여기는 경향이 있다. 신입사원에게 간단한 업무를 시키면 "좀 더 의미 있는 일을 하고 싶어요"라고 투정을 부리는 것처럼 말이다. 그런데 막상 전화도 잘 못 받고 엑셀 문서 정리도 잘 못 하는 경우가 많다. 이처럼 기본에는 관심을 두지 않고, 특별한 방법을 원하는 것이 인간의 본성이다.

마찬가지로 부자들이 책을 읽으며 자신의 인생에 적용해봐야 한다고 말해도 대부분 무시한다. 책 한 권을 읽고 실행에 옮겨보지도 않은 채 변화를 바라고, 부자가 되는 다른 특별한 방법을 찾아 나선다. 물론 자신의 삶에 만족하거나 책 없이 성공할 수도 있다. 다만 나는 내가 겪은 수많은 경험을 바탕으로 책에서 가장 큰 도움을 얻었기에 이렇게 주장할 따름이다.

길게 말했지만, 부자의 독서법이라고 해서 특별한 건 없다. 나는 이걸 인정한 이후부터 다르게 행동하기 시작했고, 그러자 변화가 일어났을 뿐이다. 아직도 믿어지지 않는다면 다음에 나오는 사례를 읽어봤으면 좋겠다. 이제 내가 어떻게 책에 있는 내용을 인생에 적용했는지 말해보려 한다.

이렇게 간단한 걸
지금까지 왜 몰랐을까?

내가 좋아하는 일을 하면서 살게 된 계기는 그리 특별하지 않다. 그저 '1권 1진리' 습관 덕분이다. 책 한 권에서 너무 많은 걸 얻으려 할 필요도 없다. 단 한 줄로 시작하면 된다.

내가 자랑하고 싶은
재능 한 가지

나는 평소 물을 무서워해서 친구들과 바다에 가도 쉽게 뛰어들지 못하고 구경만 하는 편이다. 그런데 어느 날 수영을 해보고 싶다는 생각이 들었다. 그래서 석 달 전부터 수영을 배우고 있다.

첫날의 기억이 아직도 생생하다. 물에서 코로 숨을 내쉬는 것조차 쉽지 않았다. 그날 집에 돌아와서 유튜브에 있는 호흡법 관련 영상을 무수히 돌려봤다. 그런데 오히려 '내가 할 수 있을까'라는 두려움이 더 커져갔다.

그날 밤 12시쯤 집 근처에 있는 목욕탕으로 갔다. 늦은 시간이라 다행히 아무도 없었다. 나는 유튜브에서 배운 단계별 훈련법을 따라 해봤다. 그렇게 1시간쯤 해보다가 갑자기 '음파'라는 수영 호흡이 트였다. 이때 또다시 확실하게 느꼈다. 책이나 영상으로 백날 보는 것보다 한 번이라도 직접 해보는 게 훨씬 낫다는 것을 말이다.

내가 유튜브에서 종종 말하는 게 있다. "제겐 자랑할 만한 능력이 하나 있습니다. 책을 읽을 때마다 하나씩 내 인생에 적용하는 걸 잘한다는 겁니다."

지금 쓰고 있는 이 책도 그동안 가보지 않은 지역을 다니면서 마무리하고 있다. 여러 소설가가 낯선 곳에서 글을 쓰면 잘 써진다고 말했기에 한번 따라 해보는 것이다. 효과가 있을지 없을지는 추측하지 않는다. 0.01%라도 가능성이 있으면 해볼 뿐이다.

이러한 능력은 타고나는 것일까? 당신도 알다시피, 감사하게도 이건 후천적으로 누구나 얻을 수 있는 능력이다. 라면을 맛있게 끓이는 방법보다 더 간단하기 때문이다. 예를 들어 책을 읽다가 '등이 굳으면 소화가 잘 안 됩니다. 폼롤러로 풀어주세요'라는 내용이 인상 깊었다고 해보자. 자신에게 소화 불량이라는 문제가 있다면, 곧바로 책을 접고 폼롤러를 구매하여 직접 해보는 것이다.

이 행동이 나에게 효과가 있을지 없을지를 따지지 않고 그냥 해볼 뿐이다. 마쓰이 타다미쓰가 쓴 『무인양품은 90%가 구조다』를 읽다가 '노하우를 축적할 수 있는 매뉴얼을 만들라'는 내용이 나오면, 직원들을 위한 매뉴얼을 만들어보면 된다. 많은 돈이 필요한 게 아니라면 굳이 안 해볼 이유가 없다. 이 방법을 써서 나는 후천적으로 능력을 키웠다.

써놓고 보니 더더욱 별거 없다 싶다. 누군가는 코웃음을 칠 수도 있겠지만, 책 100권을 읽는 것보다 1페이지만 읽더라도 자신에게 적용해보는 것이 더 값지다는 사실을 나는 뼈저리게 알고 있다.

1권 1진리,
딱 한 가지만 찾아보자

나는 책을 읽을 때마다 항상 이 말을 새긴다. '1권 1진리'. 책한 권을 읽고 그 안에서 딱 한 가지 진리만 찾으면 된다. 그리고 그 한 가지를 자신의 인생에 적용해본다면 충분하다.

'어떤 게 이 책이 말하는 핵심이지? 뭐가 진리일까!' 이런 고차원적인 걸 말하는 게 아니다. 아무 문장이나 골라도 상관없다. 글쓴이가 강조하는 말이 아니어도 좋다. 그저 마음에 드는걸 하나 골라서 내 삶에 적용해보면 된다. 그 순간, 자신의 상황에 필요한 문구가 진리인 것이다.

아마 지금쯤 당신은 "그래, 그래. 맞아" "역시 뻔한 소리 하네" 둘 중 하나를 말하고 있을지도 모른다. 지금 당장 생각을 한번 해보자. 책 한 권에서 한 가지 메시지를 골라 자신에게 놓인 문제나 상황에 적용해본 적이 있는지. 이미 이렇게 하고 있다면 다음 사례를 가볍게 훑고 넘어가도 좋다.

벌써 1년이 지난 일이다. 3주 넘게 병원에서 아버지 간병을 했었다. 두 번에 걸친 큰 수술로 퇴원할 때까지 누워 계셔야 했기 때문이다. 간병인을 구하려다가 '내가 아버지라면 어떨까' 생각해봤다. 모르는 사람과 3주 동안 같이 있는다고 생각하니 끔찍했다. 그래서 내가 직접 간병하기로 하고 1인실을 잡았다. 이런 선택을 마음 편히 할 수 있었을 때, 처음으로 내가 살아온 인생에 보람을 느꼈다.

내가 하는 일은 3~4시간마다 소변통 비우기, 식사 보조, 대변 처리 등 다양했다. 새벽에도 바이탈 체크 때문에 2~3번씩은 꼭 깼다. 그리고 코로나19 여파로 병실 밖으로 못 나가는 상황이었다. 열심히 준비해주신 분들에게는 죄송하지만, 병원 밥이 너무도 입맛에 맞지 않았다. 병실을 나가지 못하니 지하 식당에도 갈 수 없어 무척 힘들었다. 없던 병도 생길 것만 같은 부정적인 생각으로 가득 찼다.

그러다 여느 때와 마찬가지로 '이 상황을 극복할 방법은 없을까' 고민하기 시작했다. 역시나 해답은 책에 있었다. 병원에 가져간 데일 카네기가 쓴 『자기관리론』을 읽다가 한 가지 진리를 발견했다. '모든 일은 태도에 달려 있다'는 내용이었다.

나는 새벽 5시에 일어나 소변통을 비우고 세척하면서 "재밌네, 이런 경험도 해보고"라며 입 밖으로 소리 내어 말하면서 웃어봤다. 누가 보면 미쳤다고 하겠지만 1인실이라서 다행히 아무도 없었다. 그렇게 말을 하다 보니 점점 그 상황을 즐기게 되었다. 대변을 치울 때도 아버지랑 농담도 하고 웃었더니 더는 서로 민망해하지 않았다. 나는 친구들에게 간병 스킬을 얻었다고 말할 정도로 태도가 변했다.

이 사례처럼, 책 한 권에서 얻은 진리는 엄청난 효과를 보였다. 특별한 건 없다. 그저 입 밖으로 말하면서 태도를 바꾸었을 뿐이다. 이처럼 몸값 올리는 독서법은 간단하다. 하지만 간단하기 때문에 사람들은 잘 하지 않는다. 밥을 조금씩 천천히 먹으면 위장질환에 좋다는 사실을 알지만 좀처럼 실천하지 않는 것처럼 말이다. 그러나 꾸준히 하는 사람은 건강해진다.

'1권 1진리'도 마찬가지다. 1,000명 중 한 명이 할까 말까. 따라서 이 간단한 걸 하기만 하면 1,000명 중 당신만 앞서가게 된다. 당신의 친구나 동료가 이렇게 독서하고 있을까? 물론 그들과 경쟁하라는 건 아니다. 다만 남들이 하지 않는 행동을 함으로써 당신이 두드러질 수 있다는 것이다.

사실 유튜브에서 이런 말을 하자 "책을 읽고 돈을 벌게 된 구체적인 사례를 말해주세요"라는 댓글이 달린 적이 있다. 이와 같은 댓글처럼, 이 파트를 읽고 대단한 게 없다며 실망하는 사람도 있을 수 있다. 그런데 이거 말고 다른 게 있다면서 거짓말을 할 수는 없지 않은가.

지금 내가 지닌 능력들은 한순간에 만들어지지 않았다. PART 1에서 말한 5가지 사건처럼, 1권 1진리를 따라 내 앞에 놓인 문제를 하나하나 해결하다 보니 쌓여온 것이다. 물론 미래에 도움이 될 거라 생각하고 의도적으로 한 것은 아니다. 단지 이런 과정을 4~5년 동안 반복했고, 돌아보니 몸값이 올라 있었다. 쉬워 보이지만 남들이 하지 않는 걸 해야 돈을 벌 수 있다는 사실을, 나는 그렇게 매일 몸으로 체감하고 있다.

우리는 책을 읽을 때 단 한 줄이라도 자신의 인생에 적용하려고 해야 한다. 책에서 많은 걸 얻으려고 애쓸 필요도 없다. 단 한 줄로 시작하는 거다.

예를 들어 팀 페리스가 쓴 『타이탄의 도구』를 읽어보면 부자들의 수많은 습관이 담겨 있다. 그중 아침에 일어나 이불을 정리하고 따뜻한 차를 마시는 루틴이 나온다. 이게 마음에 들었다면, 우선 이것만 내 인생에 적용해본다. 해보고 도움이 되면 계속하고, 아니면 다른 걸 해보면 된다.

모든 걸 다 하려고 애쓰기보다 하나라도 잘해보는 것이 좋다. 내가 최근에 영어를 배우려 할 때 들은 말이 있다. "정확하게 해석하지 않아도 됩니다. 모든 걸 다 이해하려고 하면 어떠한 언어도 배울 수 없어요." 처음부터 모든 걸 얻으려고 하면 아무것도 얻지 못할 가능성이 높다.

같은 개념을 여러 비유와 사례를 들어 설명해봤다. 그만큼 내가 가장 중요하게 생각하는 부분이라는 뜻이다. 서른 살에 직장을 나와 좋아하는 일을 하면서 살게 된 것은 '1권 1진리' 습관 덕이다. 근데 혹시 이런 고민을 해본 적이 있는가? '책 읽는 게 중요한 건 알겠는데, 왜 나는 책을 읽지 않을까?' 그에 관련된 나의 생각이 다음에 나온다.

어느 날 책을 읽는 게
지옥처럼 느껴졌다

책 읽는 습관을 만드는 게 중요하다. 이는 흡사 헬스와도 같다. 식단 관리나 운동 방법이 중요한 게 아니다. 일단은 내 몸이 헬스장에 가는 것을 먼저 익혀야 한다.

나에게 맞는 속도로,
나의 방식대로

2019년 10월, 물리치료사로 한창 일할 때였다. 부동산 경매로 소액 빌라 3채를 샀고, 월세 132만 원을 받고 있었다. '이제 최소 현금흐름은 세팅했으니 투자는 나중 일이다. 개인적인 일로 돈을 벌어보자'는 생각을 어렴풋이 하게 됐다. 이때쯤 사업을 하고 있던 친구가 나에게 책을 추천해줬다. 사업을 시작하는 사람이라면 반드시 읽어야 한다면서 말이다.

나만의 일을 하고 싶었던 나는 곧바로 추천해준 책을 주문해 환자가 없을 때마다 읽어봤다. 그런데 아무리 읽어도 '도대체 무슨 말을 하는 거지?' 싶었다. 전혀 이해가 되지 않아서 한 페이지를 4번 정도 반복해서 읽었던 기억이 난다. 칩 히스가 쓴 『스틱』이라는 책인데, 간신히 이해해도 어떻게 써먹어야 할지 감조차 오지 않았다.

친구는 재차 "이 책은 진리야. 미쳤어. 돈을 벌려면 꼭 읽어야 해"라고 말했고, 나는 흡사 군대에서 전역 날짜를 기다리며 버티듯 꾸역꾸역 읽었다. 결국 끝까지 다 읽기는 했지만, 그렇게 고통스러운 독서는 난생처음이었다. 그때 이후로 나는 몇 달간 책을 읽지 않았다. 내 몸과 뇌가 책은 재미없고 버텨야 하는 존재로 기억한 것이다.

그러다 다시 읽기 시작한 책이 한 독서 모임에서 추천해준 우노 다카시의 『장사의 신』이었다. 글이 술술 읽혔고 머리 나쁜 나도 쉽게 이해할 수 있었다. 그리고 내가 물리치료사로 일하면서 바로 써먹을 수 있는 좋은 관점과 전략이 담겨 있었다.

손님을 대하는 이자카야 사장의 관점은 환자를 마주하는 나에게 큰 울림을 주었다. 그때부터 책에 흥미가 생겼고, 어떤 책을 읽을지 신나게 찾아보게 되었다.

1년쯤 후, 유튜브와 블로그를 하면서 전달력을 키워야 한다고 느꼈다. 내 생각을 어떻게 효율적으로 표현할 수 있을지가 관심사였다. 그때 내 눈에 들어온 것이 '고통스러운 독서'를 경험하게 해준 『스틱』이었다. 왜 그랬는지는 모르겠지만 다시 꺼내 들어 읽어봤다. 두 번째 읽는 터라 그전보다는 이해가 잘되었지만, 그래도 여전히 쉽게 읽히지는 않았다.

신기한 것은 1년 전에는 얻을 수 없었던 영감으로 인해 즐거웠다는 점이다. 그 이유를 가만히 생각해보니, 당시에 내가 관심이 있던 주제라서 그랬던 것 같다. 그때 『스틱』을 3번 정도 읽었고, 조 비테일이 쓴 『꽂히는 글쓰기』도 읽었다. 추천을 받아 구매해놓고 거들떠보지도 않았던 책들이다.

그렇게 나는 독서를 즐기는 방법을 자연스럽게 익혔다. 이후부터는 어딜 가나 책을 들고 다녔다. 심지어 점심을 먹으러 가서도 책을 읽었다. 조금 유별난 행동이지만 책 읽는 습관이 만들어진 것이다.

그럴싸한 독서법이
완성되다

발전을 좋아하는 우리는 보통 지인에게 책 추천을 받는다. 하지만 상대방은 나의 독해력 수준과 내가 어떤 상황에 처했는지 알지 못한다. 개구리가 올챙이 적 시절을 기억하지 못하듯 현재 자신의 기준으로 상대방을 바라보기 때문이다. 결국 자신이 읽었을 때 좋았던 책을 추천하게 된다.

운이 좋아 나와 딱 맞아떨어지는 책이면 다행이지만, 그렇지 않다면 자기계발서는 쓸모없고 재미없는 책이라는 고정관념이 만들어질 수도 있다. 그렇게 책과 작별 인사를 하게 된다. 처음으로 경험한 도박에서 돈을 번 사람과 잃은 사람의 차이를 생각해보면 이해하기 쉽다.

책 읽는 습관을 만들려면 어떻게 해야 할까? 나는 다음과 같은 방법으로 책 읽는 습관을 만들었다.

1. 내 상황에 필요한 게 무엇인지, 나의 관심사가 무엇인지에 따라 주제를 정한다.
2. 잘 읽히는 책을 고른다.

내 상황에 필요한 주제를 찾아 쉬운 책부터 읽어야 한다. 그런데 몇몇 독서법 관련 영상에서 "쉬운 책만 읽으면 독해력이 안 올라요"라는 댓글을 본 적이 있다. 물론 자신의 수준보다 높은 책을 읽어야 뇌 기능에는 도움이 될 것이다. 그 말에 전적으로 동의하지만, 한편으로는 '굳이?'라는 생각이 든다. 내가 책을 읽는 이유는 독해력을 높이거나 언어 영역 점수를 높이려는 것이 아니기 때문이다.

읽는 속도가 남보다 느려도 좋고, 한 페이지를 30분 동안 읽어도 괜찮다. 그저 나는 책 읽는 습관을 만드는 게 더 중요하다고 본다. 흡사 헬스와도 같다. 식단 관리나 운동 방법이 중요한 게 아니다. 우선 내 몸이 헬스장에 가는 것을 먼저 익혀야 하는 것이다.

조금 다른 이야기를 하자면, 나는 고교 시절 공부에 흥미가 전혀 없었다. 다만 나에게 주어진 의무라 생각하며 마지못해 공부했고 전문대에 들어갔다. 그런데 대학에 들어가서 공부가 즐겁다는 감정을 처음으로 느껴봤다. 그 당시에는 누가 시키지 않아도 집 근처 독서실에 갔고, 시험 몇 주 전부터 공부를 했다. 동기들과 술을 마신 날에도 독서실에 갔었다.

내가 흥미를 느끼는 분야의 일을 나에게 맞는 속도로, 나만의 방식으로 공부하는 것이 최고라는 사실을 그때 깨달았다. 독서법도 그렇게 해서 나만의 스타일로 하나씩 익혀나갔다. 당연히 많은 시간이 들었고 시행착오도 겪었지만, 그 덕에 내게 맞는 독서법을 터득했다.

무언가를 하려고 할 때 사람들이 공통으로 말하는 일반적인 공식이 있기 마련이다. 경험 좀 해봤다고 하는 사람은 그러한 공식이나 기준을 들이댄다. 하지만 저마다 욕망이 다르듯 목적도 다를 수 있다. 따라서 모든 공식이 모든 사람에게 적합할 수 없다. 내가 이 책에서 말하는 것들도 마찬가지다. 당신에게 맞지 않을 수도 있다.

내 목적에 따르면, 간결하고 쉽게 쓰인 글이라도 행동하게 만드는 글이 나에게 어울렸던 것이다. 이런 말을 해도 될까 모르겠지만, 나는 책을 끝까지 읽지 않은 적도 많다. 내가 필요하다 싶은 부분만 목차에서 골라 읽고 책장에 그대로 넣어둔다. 돈이 아까워서라도 끝까지 읽으면 좋겠지만, 이미 그 책은 충분히 값어치를 한 셈이다.

심지어 성공한 사람들이 추천해준 책을 사두기만 하고 읽지 않은 적도 많다. 과거에는 읽지 않고 쌓아놓은 책들을 볼 때마다 '나는 왜 이럴까'라는 자기혐오에 빠지기도 했었다. 그런데 시간이 흐르면서 언젠가 필요하면 읽게 된다는 것을 알았다. 단지 그 당시에 나에게 필요하지 않았을 뿐이다.

개인적인 책 구매 방법을 말해보자면, 과거에는 서점에 가는 게 귀찮아 인터넷으로 주문했다. 그런데 책 읽는 재미를 느낀 이후로는 추천을 받거나 관심 가는 책을 메모해두었다가 서점으로 간다. 그리고 책을 골라서 쌓아두고 앞부분을 살펴보고 잘 읽히면 구매한다.

이게 무슨 말인가 싶고 매끄럽게 읽히지 않는 책이 있다. 그런 책은 부정적인 스트레스를 주어 책 읽는 습관을 만드는 데 방해가 됐다. 참고로 돈이 없던 시절에는 알라딘 중고 온라인 서점을 자주 이용했다. 상태는 상급 이상을 추천한다. 그 아래는 낙서가 있거나 더러운 이물질이 묻어 있는 경우가 종종 있기 때문이다.

자, 한번 정리해보자. 원하는 목표가 있고 꿈이 있는 우리에게 제일 중요한 것은 책을 읽으며 근거를 모아가는 것이다. 그

전제 조건은 책 읽는 습관이다. 사람들이 좋다고 하니까 억지로 하는 게 아니라, 독서라는 행위를 스스로 즐겨야 한다. 억지로 버티면서 하는 건 출근만으로도 충분하지 않은가. 그렇다면 우리는 어떻게 해야 할까?

자신의 상황에 필요한 주제, 요즘 관심을 두고 있는 주제를 먼저 찾아야 한다. 그런 다음 잘 읽히는 책을 찾는다. 처음부터 어려운 책을 읽는다면 첫날부터 헬스 트레이너처럼 운동하고 다음 날 근육통으로 쓰러지는 것과 같다. 아마 그렇게 한다면 GX 포함 헬스 1년권은 중고 마켓에 올라갈지도 모른다.

우리는 읽기 쉬운 책부터 시작하여 책 읽는 시스템을 자신의 몸에 넣어야 한다. 그리고 읽다가 한 가지 진리를 발견하면 자신의 삶에 곧바로 적용해본다. 꽤 그럴싸한 몸값 올리는 독서법이 벌써 완성되었다.

"도대체 뭘로 그렇게 돈을 벌었어요?"

아무리 하찮은 목표라도 성취하면 도파민이라는 호르몬이 분비된다. 그러한 호르몬은 다음 단계를 이룰 수 있을 것이라는 자신감을 만들어준다. 그렇게 나는 점차 목표에 도달하게 된다.

월 1만 원
자동 수익을 만들어보자

유튜브와 강의를 3년 가까이 하면서 "도대체 뭘로 그렇게 돈을 벌었어요?"라는 질문을 종종 받았다. 사실 무엇으로 벌었는지보다 어떤 생각으로 시작했는지가 중요한 것 같다. 왜냐하면 돈 버는 방법은 세상에 널렸기 때문이다. 아무튼 내게 비결이 뭐냐고 물어보면, 나는 항상 '사고방식의 유연함'이라고 대답한다.

무엇을 보느냐보다 어떤 태도로 보느냐가 중요하다. 그러한 상태가 되려면 배움에 익숙해져야 한다. 배워서 이해하고 다양한 관점을 지닐 때 사고방식은 저절로 유연해진다. 그다음 비결은 '실행'이다. 우리는 실행력을 높여야 한다. 아무리 효율이 좋은 방법을 알아도 직접 해보지 않으면 아무 의미가 없기 때문이다.

내가 봐온 성공한 사람들의 공통점은 "나는 저걸 할 수 없어"라는 말을 하지 않는다는 것이다. 대신 '저걸 어떻게 하면 해결할 수 있을까' 스스로에게 물어본다. 그리고 고민에서 멈추는 게 아니라 해결 방법을 찾으려고 움직인다. 일단 소매를 걷고 찾아보는데, 그러다 보면 단서가 나온다는 것을 경험적으로 잘 알고 있기 때문이다.

나는 항상 '이건 이게 좀 별로야'라며 단점만 들추고 해결하려는 행동을 하지 않았었다. 정말 지독하게도 게을렀다. 약속이 없는 날에는 소변을 참을 수 없을 때까지 침대에 누워 있었고 밤이 되어서야 밖으로 나갔다. 그런 행동들이 쌓이면서 자기험오가 커져갈 때쯤, 나는 특별한 경험을 계기로 실행력이 좋아지게 되었다.

위장질환을 앓으면서 3~4개월 만에 73kg에서 58kg까지 살이 빠졌었다. 10분도 걷기 힘들 정도였고 오랜 기간 약을 먹어도 낫지 않아 췌장암인 줄 알았다. 그래서 대학병원에 가서 CT까지 찍었다. 그때 죽음을 진지하게 생각해봤다. 다행히 큰 문제는 없었지만 오랜 기간 밖을 돌아다니기 힘들 정도로 지쳐 있었다.

그때쯤 책 50권을 한꺼번에 주문해서 책만 읽었다. 50권 중한 권은 엠제이 드마코가 쓴 『부의 추월차선』이었다. 이 책에는 다음과 같은 구절이 있다. "소비와 생산의 균형을 맞추기보다 생산이 소비를 앞서게 만들면 된다." 이 글을 읽고 이런 생각을 해봤다. '진정한 경제적 자유는 뭘까? 월 천만 원? 이천만 원? 내가 쓰는 돈보다 많이 자동으로 벌면 되는 거 아닌가?'라고 말이다.

내가 일을 그만둔다면 매달 지출하게 될 금액을 종이에 적어봤다. 월세, 공과금, 휴대전화, 보험, 식비 등을 계산해보니 130만~150만 원 정도 나왔다. 그러면 150만 원이 넘는 자동 수익을 만들어두면 굶어 죽지는 않을 것이다. 만약 300만 원을 자동 수익으로 만들면 150만 원은 저축하고 150만 원을 쓸 수 있게 된다.

물론 현실은 다르게 흘러갈 수도 있지만, 이런 관점으로 보자 이전에는 보이지 않던 방향이 명확해졌다. '직장을 다니면서 월 300만 원 자동 수익을 만들어보자. 300만 원은 힘드니까 100만 원, 아니 월 1만 원이라도 자동 수익을 만들어보자. 이걸 10번만 하면 월 10만 원이 되니까. 어차피 본업이 있으니 천천히 해보자. 중간에 멈춰도 좋으니까 포기는 하지 말자. 책을 읽고 배움에 투자하는 것을 멈추지 말자.'

요즘 인터넷을 보면 '월 천만 원 버는 방법'이 널렸다. 정말 사람들은 월 천만 원이 쉽다고 생각하는 걸까? 연봉 1억 원을 번다고 할 때 세금을 제하고 월 650만 원 정도 된다. 직장을 다녀본 사람으로서 월 천만 원은 절대 쉬운 금액이 아니다. 하지만 월 1만 원 자동 수익은 해볼 만하다 싶었다.

나는 왜 월 1만 원이 해볼 만하다고 느껴졌을까? 대부분의 사람은 월 1만 원을 벌려고 시작하지 않기 때문이다. 실제로 내 목표를 말하자 "월 1만 원 벌겠다고 그 짓을 해야 해? 난 그

렇게는 못 살아"라고 말하는 사람도 있었다. 나의 목표는 하찮
을 정도로 작았던 것이다.

하지만 나는 서른다섯 살 이전에 좋아하는 일을 하며 살 수
있을 것이라는 확신이 있었다. 1,000명 중 999명은 목표가 커
서 시작조차 하지 않기 때문에 일단 시작만 하면 무조건 성공
할 수 있다고 믿은 것이다. 아마 나의 목표가 처음부터 월 천만
원이었다면 나는 시작도 못 했을 것이다.

그러나 나는 목표를 아주 낮게 잡았다. 산에 오를 때도 정상
을 보고 가면 막막하지만, 첫 번째 쉼터를 보고 가면 해볼 만한
것처럼 말이다. 인간의 뇌는 단순해서 관점만 달리하면 그 어
떤 것도 해낼 수 있다는 게 내가 지닌 신념들 중 하나다.

최종 목표와
하찮은 목표

나의 목표는 1만 원이었지만, 실제로는 11만 원까지 벌어봤
다. 물론 거기까지 가는 길이 매끄럽지만은 않았다. 독자를 혹
하게 만들려면 쉬웠다고 말해야 하지만, 그렇지 못했다. 돈과

에너지, 시간이 꽤나 많이 들었다. 그런데 11만 원을 벌고 난 다음부터는 신기한 일이 일어났다. 수입이 2배가 아니라 폭발적으로 늘어난 것이다. 첫 수입을 만들기까지는 오래 걸렸지만 이후부터는 생각보다 쉬웠다.

이와 같이 직접 경험해봄으로써 나는 일단 시작하는 것이 그 무엇보다 중요하다고 확신한다. 예를 들어 아르바이트도 첫날이 두렵고 어렵지, 막상 가면 다음 날부터는 할 만한 것처럼 말이다. 그래서 나는 아르바이트 한 달 출근하기가 아니라 '첫날 출근하기'와 같은 하찮은 목표를 세우려고 한다.

목표가 너무 높으면 오히려 행동하지 못하게 만들 수도 있다. 물론 누군가는 목표가 높아야 절반이라도 이룬다고 말한다. 다만 나는 나 자신을 누구보다 잘 알고 있다. 나는 닿지 않는 목표를 보며 "신포도일 거야"라고 합리화했던 여우처럼 포기했을지도 모른다. 그래서 다음과 같은 전략을 쓰는 것이다. 손에 닿는 열매와 닿지 않는 열매를 동시에 키우기.

나의 최종 목표(손에 닿지 않는 열매)는 서른다섯 살 이전에 직장을 탈출하는 것이었지만, 지금 당장 실행할 목표(손에 닿는 열매)는 누가 봐도 하찮고 사소했다. 그런데 아무리 하찮은 목표라도 성취하면 도파민이 분비된다. 그러한 호르몬은 다음 단계를 이룰 수 있을 것이라는 자신감을 만들어준다. 그렇게 나는 닿을 수 없을 것 같았던 목표에 점차 도달하게 된다.

내가 물리치료사로 일하면서 경매 강의를 수강했을 때의 일이다. 나의 최종 목표는 '월 100만 원 자동 수익 만들기'였다. 하지만 당장 내 앞에 놓인 목표는 '빠지지 않고 강의에 참여하기'였다. 그리고 그다음에는 '강의 들은 내용 정리하기' '강의 내용 복습하기'였다. 또 그다음에는 '경매 법원에 가서 구경하기' '입찰 한 번만 해보기' '월 20만 원 나오는 소액 부동산 하나 해보기'로 점차 바뀌었다.

소액 부동산 하나를 경매로 사고 세입자를 받자 월 30만 원 임대 소득이 만들어졌다. 30만 원 자동 수익을 만들기까지 내가 투자한 시간은 6개월이다. 이후 2채, 3채는 불과 두 달 만에 이뤄냈다. 만약 내가 당시에 이 책을 읽었다면 '책 읽고 월 천만 원 만들기' '책 읽고 직장 탈출하기'와 같은 최종 목표와 함께, 지금 당장 할 수 있는 하찮은 목표를 세웠을 것이다.

'약속 시간보다 일찍 나가서 카페에서 책 읽기' '주말에 카페로 가서 20분만 책 읽어보기' '잠자기 전 1챕터 읽기' '한 가지만 골라서 내 인생에 적용하기' '내 상황에 필요한 책 한 권 찾기' 등등.

아마 이 글을 읽은 몇몇은 고개를 끄덕이며 다짐을 하고 있을 것이다. 다만 그들 중 99% 이상이 다음 날 제자리로 돌아간다. 나도 수없이 경험해봤기에 잘 알고 있다. 사고방식과 습관을 재건축하는 일은 절대 쉽지 않다. '개천에서 용 난다'는 말이 괜히 있는 게 아니다.

당신이 만든 하찮은 목표가 있다면 종이에 적어 잘 보이는 곳에 붙여두길 바란다. 물론 그렇게 한다고 해서 바로 행동이 바뀌지 않을 수 있다. 단지 조금 더 신경이 쓰이고, 그러한 자극으로 한 번 더 하게 되고, 그 한 번이 나비효과를 만들 수 있으니 시도해보라는 것이다.

이 책의 다음 파트를 읽어보는 것보다 지금 당장 작은 목표라도 적어보는 것이 당신에게 도움이 될 수 있다. 어떤가? 이게 바로 '1권 1진리'다. 한 가지만 골라서 해보자. 누가 들으면 코웃음을 칠 정도로 하찮아도 좋다. 그들은 당신이 어떻게 사느냐보다, 오늘 저녁에 뭐 먹을지가 더 고민인 사람이라는 걸 잊지 말자.

나는 '잠자기 전 10초 감사기도'를 목표로 세웠었다. 4년이 지난 지금도 지키고 있다. 친구들과 펜션을 잡고 놀러 가도 감사기도를 꼭 하고 잤다. 아무리 힘들고 곤란한 날이어도 '10초 기도'는 할 만했기 때문이다.

누군가는 우리의 모습을 보고 비웃겠지만, 거창하게 며칠만 하다가 포기하는 사람보다는 낫다고 생각한다. 작게라도 하는 사람은 결국 습관을 만들 것이기 때문이다. 그렇게 계속하는 사람은 결국 게임에서 이길 가능성이 높아진다. 왜냐하면 성공에는 어떠한 운이 필요한데, 그러한 운은 꾸준히 노력하는 사람에게만 따르기 때문이다.

지금까지 살면서 존경스럽다고 여긴 사람은 재능이 뛰어난 사람이 아니었다. 오랜 시간 꾸준하게 하는 사람이 대단해 보였고 존경스러웠다. 그래서 나도 그런 사람이 되고자 노력하고 있다. 내가 물리치료사로 일하면서 새로운 배움을 계속하지 않았다면, 2년 넘게 유튜브를 하지 않았다면, 이렇게 책을 쓸 기회는 찾아오지 않았을 것이다.

쉬운 책부터 읽으며 독서 습관을 만드는 것처럼, 쉬운 행동을 목표로 삼아야 실행을 습관화할 수 있다.

PART 3

몸값 올리는 독서법에도 공식이 있다

나는 새로움에 도전하거나 한 가지 능력을 새로 얻으려고 할 때, 관련된 책 3권을 '단기간'에 읽는다. 3권을 읽는 목적은 경험자 3명이 말하는 공통점과 노하우를 얻기 위해서다. 그렇게 배경지식을 쌓으면 실행을 못 하게 방해하는 막연한 두려움을 없앨 수 있다. 왜냐하면 알 수 없는 두려움을 없애야 작게라도 도전해볼 수 있기 때문이다.

작게라도 도전해보지 않는 사람은 "그런 책을 읽는다고 부자가 되겠냐"라고 말할지도 모른다. 만약 더 빠르게 성장하고 싶다면, 롤모델을 찾아 다듬어진 공식을 배우는 걸 추천한다.

내가 봐온 자수성가한 사람들은 대부분 자료 조사를 잘하는 능력을 지녔다. 자료 조사를 잘하려면 스스로 생각하는 훈련을 해야 한다. 책을 고르는 것도 마찬가지다. 다음과 같은 순서를 거치면서 책 고르는 능력을 키워야 한다.

1. 내가 지금 고민하는 건 무엇인가?

2. 고민을 해결해주고 도움이 될 만한 책은 어디 있을까?

3. 어떤 키워드를 검색해야 나올까?

4. 온라인 서점에서 판매량, 리뷰 등을 참고하며 5권 정도 추린다.

5. 서점에 직접 가서 목차와 앞부분을 살펴보며 술술 읽히는지 확인한다.

소설이나 에세이도 좋지만 우선 이것부터

이루고 싶은 꿈이나 몸값을 올리겠다는 목표가 있다면, 소설과 에세이는 잠시 내려두고 자신의 업무를 잘할 수 있게 도와주는 독서를 하면 좋겠다. 그러면 좀 더 만족스러운 속도로 성장할 것이다.

생산성을 올릴 수 있는 책이
우선이다

소설과 에세이도 좋지만 생산성을 올릴 수 있는 책이 우선이라고 규칙을 정했다. 물론 소설과 에세이도 인생에 분명 도움이 되지만 내겐 그것보다 더 급한 일이 있었다. 이루고 싶은 목표가 있었기에 몸값을 올리기 위한 공부가 먼저였다.

진정한 공부의 본질은 무엇일까? 공부라는 것은 호기심이고 해답을 찾는 과정일 것이다. 그러한 접근에는 장점이 있는데, 오랜 시간 지속할 수 있다는 점이다. 왜냐하면 누군가 시켜서 억지로 하는 것이 아니기 때문이다.

내가 대학에 들어가 의학용어로 가득한 전공 공부를 즐겼던 이유는 의외로 간단하다. 스포츠 물리치료사가 되고 싶었던 나에게 꼭 필요한 지식이었기 때문이다. 이후 시작한 독서도 마찬가지다. 내가 독서를 하면서 행복했던 순간은 '내가 궁금해했냐'와 '내 삶에서 지금 당장 적용할 수 있는 것인가'라는 질문에 '예스'일 때였다.

그렇다면 '나에게 필요한 책은 도대체 무엇일까?'라는 질문이 필요하다. 읽기 쉬운 책이라는 것은 개인의 경험에 따라 달라질 수 있다. 이번 파트에서는 내가 읽을 책의 주제를 어떻게 정했고, 어떻게 책을 읽어갔는지 사례를 들어 말해보려 한다. 강요가 아니라, 어떻게 해왔고 어떻게 하고 있는지에 관한 것이므로 선택적으로 참고하기를 바란다.

자신의 업무를 잘할 수 있게
만들어주는 독서

PART 1에서 말했다시피, 내가 하는 일을 제대로 하는 것이 먼저였다. 자신의 본업도 제대로 못 하면서 돈을 많이 벌고 싶다는 것은 내 상식선에서는 이해가 되지 않았기 때문이다. 그래서 나는 우선 내가 하는 일, 전공과 관련된 업무를 살펴봤다. 나는 물리치료사였고 도수치료를 담당했다.

참고로 도수치료는 대학에서 실무를 제대로 배우기 어렵다. 일반적으로 대학을 졸업한 뒤 물리치료사 면허를 취득하고 여러 학회에 교육비를 지불하고 따로 배운다. 그래서 도수치료를 하는 사람 중 대부분은 몇백만 원, 많게는 천만 원 넘게 교육에 투자한다. 물론 도수치료 업무를 원하지 않는 사람은 당연히 배우지 않아도 된다.

나는 임상 선배들에게 추천받은 전공 책을 구매해 공부했다. 퇴근 후에는 학회 교육을 수강하며 이론과 실기를 반복했다. 그렇게 도수치료에 대한 감을 아주 조금씩 익혀갔다. 내 업무와 관련한 실력을 기르는 데는 소설, 에세이, 자기계발서보다 전공 책이 우선이었던 것이다.

그런데 도수치료만 배우면 끝일까? 도수치료만 잘하면 환자가 알아서 찾아올까? 개인적인 경험이나 동료들을 보면 아니었다. 환자가 자거나 마취한 상태에서 치료하는 것이 아니기 때문에 환자와 나누는 대화도 꽤 중요하다. 심지어 치료사들 사이에서 "치료를 못 해도 말만 잘하면 된다"라는 말이 있을 정도다.

물론 치료가 뒷전이라는 말은 절대 아니다. 그만큼 환자와 나누는 대화가 중요하다는 것을 강조하는 말이다. 그뿐 아니라 대화 과정에서 환자 본인도 알지 못했던 통증 원인이 드러날 수도 있고, 긴장 상태를 완화해주기도 하니 대화는 매우 좋은 수단이다. 실제로 나는 30대 젊은 남성 환자와 대화하다가 뇌종양을 발견한 경험이 있다.

한 젊은 남성이 다리 저림 증상으로 병원에 찾아왔다. 원장님은 허리 디스크라고 진단했고, 나 역시 그 부분에 중점을 두고 치료를 이어나갔다. 그런데 열 번쯤 치료를 했는데도 큰 변화가 없었다. 그래서 나는 허리에 문제가 있지만 다른 원인도 있을 것이라고 의심했다. 그러다가 계단에 걸려 자주 넘어진다는 이야기를 들었다.

그때 나는 혹시나 하는 마음에 "다리뿐만 아니라 한쪽 팔의 힘도 떨어지는 느낌이 들거나 수저를 종종 떨어뜨린다면 뇌쪽으로 검사를 한번 받아보세요"라고 말해줬다. 어느 날부터인가 이 환자는 오지 않았다. 1년쯤 지났을 때 그가 선물을 들고 찾아왔다. 뇌에 종양이 있었는데 다행히 초기에 발견하여 수술이 잘되었다면서 말이다.

이때 나는 도수치료에도 대화가 얼마나 중요한지를 실감했다. 이러한 대화 능력은 전공 책으로 얻을 수 있는 것이 아니다. 이제 답이 나왔다. 환자와 대화를 잘하기 위한 책을 읽어야 한다는 것이다. 나는 인간관계, 설득, 대화와 관련된 책을 찾아 읽었다. 그런데 읽기만 하면 아무 의미가 없다.

다음에 이미지를 보면 알 수 있듯이, 나는 책을 읽으며 상황에 따른 대화법을 따로 만들었다. 그리고 이러한 상황별 멘트를 이용해 환자와 직접 대화해보면서 조금씩 개선해갔다.

● ● ◉

환자분을 위한 대화법　　　　　Aa **B** *I* ☰

1. 솔직하고 진지하게 칭찬하라
2. 환자분의 욕구를 불러일으켜라

---

3. 순수한 관심을 기울여라
4. 미소를 지어라
5. 이름을 기억하라
6. 경청하라
7. 상대방의 관심사에 관해 이야기하라
8. 그들 자신의 이야기를 하라
9. "당신이 틀렸다"라고 말하지 말라
10. 환자분이 당신의 말에 즉각 "네, 네"라고 대답하게 하라

미소를 지으며 이름을 부르고 인사를 한다.
이름과 그들의 욕구를 기억하려고 노력한다(사소한 이야기까지).

"네"라고 대답이 나오도록 유도하면서 그들의 이야기(욕구를 불러일으키는)를 하게 하고, 진심으로 경청해줘라.

부정적인 면만 말하지 말고, 괜찮은 면도 말해주면서 칭찬하자.
그들이 노력하고 있는 부분을 솔직하고 진지하게 칭찬하자.

ex) (활짝 웃으며) ○○○ 님, 안녕하세요! 얼른 치료하러 갑시다. ㅎㅎ

A: 허리가 아파서 오셨죠?
B: 네. 대답
A: ~~하다가 다치셨네요. 오래되신 건가요?
B: 네. 대답
A: 어떨 때 가장 불편하세요?
B: 대답

책을 읽으며 대화법을 만들어 적용하자 환자 재방문율이 눈에 띄게 늘어갔다. 병원 막내였던 나는 어느덧 매출 1등을 달성하기에 이르렀다. 그런데 어느 날 '내가 환자를 돈으로 보고 있는 건가'라는 생각과 함께 회의감이 몰려왔다. 일에 대한 열정도 사라지고 출근하는 아침이 고통스러웠다. 그때 나에게 필요한 주제는 나의 업무를 바라보는 관점이었다.

어차피 해야 할 일이라면 즐길 필요가 있었다. 그렇게 나는 『쿨하게 생존하라』, 『IQ 최고들의 일머리 법칙』, 『장사의 신』, 『나는 왜 이 일을 하는가?』 등 내 상황에 필요한 주제와 관련된 책을 읽었다. 그렇게 나만의 도수치료 신념과 마음가짐을 리스트로 만들었고 출근할 때마다 읽었다.

● ● ◉

[도수치료 마음가짐] 일하는 마음가짐   Aa **B** *I* ☰

[루틴]
매일 일찍 출근해서 청소하고 정리정돈하기
'고맙습니다'를 반복하면서 깨끗하게 하기
병원을 경영하고 진료하며 직원들을 관리하는 원장님과
병원 시스템이 잘 돌아가도록 자신의 위치에서 일해주시는 직원분들을 위해 감사하는 마음을 가지면서 청소하기

내게 필요한 주제를 찾아 책을 읽으며 적용해보는 습관이 한번 만들어지니 이후부터는 쉬웠다. 배가 고프면 밥을 먹듯이 고민거리가 생기면 그에 따른 책을 찾아 읽으며 해결해나갔다. 물리치료사로 일하면서 나만의 일을 시작하려고 할 때는 사업과 브랜딩 관련 책을 찾아 읽었다. 이미 사업을 하는 사람들이 써놓은 경험을 읽음으로써 내게 없던 관점을 배운 것이다.

그렇게 어렴풋하게나마 나도 그 사람들처럼 생각하고 행동하게 되었다. 언젠가 직장탈출학교 공간에 자동화가 필요해졌다. 그래서 자동화, 위임, 매뉴얼과 관련된 책을 읽으며 새로운 개념을 배우고 적용해갔다. 그러자 또 하나의 능력이 만들어지게 되었다.

당신에게 이루고 싶은 꿈이나 몸값을 올리겠다는 목표가 있다면, 이렇게 말해주고 싶다. "소설과 에세이는 잠시 내려놓고, 자신의 업무를 잘할 수 있게 도와주는 독서를 하면 좋겠습니다." 나는 그렇게 살아왔고, 남들과 비교할 수는 없지만 나름 만족스러운 속도로 성장해왔다.

똑같은 주제로 책 3권을 읽어야 하는 이유

책에는 한 사람이 겪은 경험과 시행착오가 담겨 있다. 같은 주제로 책을 3권 이상 읽는다면 어떨까? 좋은 것은 반복할수록 좋다. 같은 개념을 세 사람의 입을 통해 듣는 것보다 좋은 반복은 없다.

기본기와
필살기

물리치료사 2년 차 때 일이다. 내가 근무하던 병원에서 도수치료를 하는 선생님들은 개인 치료실이 있었다. 나는 그들이 개인 치료실에서 환자를 치료하고 쉴 수도 있는 모습을 보면서 '나도 저기에서 일하고 싶다'는 욕망이 차올랐다. 그래서 나는 각 치료실을 돌아다니며 그들만의 치료 콘셉트에 관심을 보이고 직접 치료를 받아봤다.

사실 처음에는 '선생님들이 싫어하면 어쩌지'라는 두려움이 있었다. 내가 생각해봐도 귀찮을 것 같았기 때문이다. 그런데 실장님이 "요즘 애들은 가르쳐달라고 말을 안 하네. 나 때는 말이야…"라는 말씀을 흘러가듯 한 적이 있다는 게 떠올랐다. 그래서 음료를 챙겨서 치료실 문을 두드렸다.

걱정과 달리 한 분도 빠짐없이 선뜻 맞이해주었고 땀을 흘려가며 열심히 가르쳐주셨다. 그렇게 도수치료만 7년, 10년 이상 해오신 분들에게 귀한 가르침을 받게 되었다. 그러한 경험에서 알게 된 게 있다. 각자의 필살기가 있었고 그들만의 노하우가 있다는 사실이다. 당연한 말로 들리겠지만 직접 환자를 대하면서 자신의 체형과 성향에 맞게 치료 테크닉이 완성된 것이다.

한 가지 더 놀라운 사실은, 치료 콘셉트는 모두 달랐지만 공통으로 하는 기본 치료가 있다는 점이었다. 바로 이게 내가 말하고 싶은 핵심이다. 나는 그들이 내게 보여준 치료 중에서 공통적인 걸 모아서 따로 공부하고 연습했다. 이것들만 잘 익혀도 욕먹을 일은 없겠다는 생각이 들었기 때문이다.

그렇게 한 사람, 한 사람의 필살기를 꾸준히 연습하면서 도수치료의 감을 내 몸에 익혔다. 도수치료 고수들이 쓰는 공통적인 테크닉과 각자의 필살기를 흡수한 것이다.

독서도 마찬가지다. 나는 여러 도수치료 치료실을 찾아간 것처럼, 여러 고수가 같은 주제로 써놓은 책을 찾아 읽는다. 그러면 그들이 말하는 기본기를 발견할 수 있고, 각자의 경험과 성향에 맞는 필살기도 최소 하나씩은 드러난다. 나는 그걸 흡수해서 써먹기만 하면 되는 것이다.

책 한 권을
만들기까지

책 한 권은 뚝딱 만들어지지 않는다. 자신의 이름을 걸고 내기에 꽤 많은 품을 들이게 된다. 물론 모두가 그런 건 아니겠지만, 나는 개인적으로 정말 많은 에너지를 투자했다. 이해를 돕기 위해 짧게나마 말해보겠다.

우선 내가 경험한 것들 가운데서 독자에게 도움이 될 만한 기억을 모두 꺼내는 작업을 거친다. 그리고 배경지식이 전혀 없는 독자가 읽더라도 쉽게 이해할 수 있도록 순서 배치를 최적화한다. 여기까지 한 달 넘게 걸렸다. 그런 다음에 아무것도 적혀 있지 않은 빈 노트에 머릿속에 있는 과정을 적어갔다. 이 시간들은 말도 안 되게 고통스럽다.

씨름 선수 출신 국민 MC 강호동은 방송에서 이런 말을 했다. "천하장사가 된 것보다 천하장사가 된 과정을 설명하는 게 더 어렵습니다." 나는 책을 집필하면서 그 말에 완전히 공감했다. 그래서 그런지 초안을 작성하기까지 예상한 시간보다 3개월이나 더 걸렸다. 그것으로 끝난 줄 알았지만, 오히려 그때부터 본격적인 전쟁이 시작되었다.

원고를 반복적으로 읽어보며 어색한 부분은 덜어내고 매끄럽지 않은 부분은 고쳐 썼다. 한 단락이 통째로 날아가기도 하고, 초반에 있던 내용이 맨 뒤로 넘어가기도 했다. 결과적으로 이 책을 완성하기까지 50번 넘게 읽어보며 고쳐나갔다. 독자의 평가가 어떨지 몰라도 '최선을 다했다'라고 말할 수 있을 정도로 정성을 쏟았다.

완성된 원고를 담당자에게 보내고 한동안 앓아누웠다. 그리고 "이 부분은 이랬으면 좋겠습니다"라는 피드백이 오면 또 한

동안 고쳐 썼다. 즉 이 책에는 내가 지금까지 겪어온 경험과 시행착오가 먹기 좋게 담겨 있는 셈이다. '내가 이만큼 노력했으니 좋게 봐달라'는 뜻으로 말하는 게 아니니 오해하지 않았으면 한다.

책 한 권에 들어가는 시간과 에너지가 그리 적지 않다는 것, 누군가 써둔 책만큼 좋은 교보재가 없다는 것을 말해주고 싶은 것이다. 한 가지 주제와 관련해서 책을 여러 권 읽다 보면 간접적으로나마 글쓴이의 경험과 시간을 얻어갈 수 있다. 이는 그 무엇과 비교할 수 없을 정도로 효율이 좋은 방법이라고 당당하게 말할 수 있다.

몇 권이
적당할까?

"그러면 몇 권 정도 읽는 게 적당할까요?"라고 묻는다면, 나는 "3권 정도가 적당하지 않을까요?"라고 답한다. 물론 많으면 많을수록 좋겠지만 개인적으로 3권이 적당했다. 3권 정도만 읽어도 '아, 이렇게 하는 거구나'라는 감이 생기기 때문이다. 4~5

권부터는 뭐랄까, 집중력이 떨어졌다.

나는 엉덩이가 그리 무거운 편도 아니고, 집중력이 좋은 편도 아니다. 이거 하다가 저거 하다가 하는 스타일이다. 물론 관심이 있는 주제이거나 흥미가 있으면 오랜 기간에 걸쳐 10권 이상 읽기도 한다. 몇 권을 읽는가 하는 문제는 개인의 역량에 따라 달라질 수 있다. 단지 적어도 3명의 경험을 참고한다면 어떤 일을 하더라도 기본 배경지식을 가지고 시작할 수 있을 것이다.

앞서 말한 것처럼, 책에는 한 사람이 겪은 경험과 시행착오가 먹기 좋게 담겨 있다. 우리가 그런 책을 3권이나 읽는다면 어떻게 될까? 똑같은 개념이 나오기도 하고 개인적인 노하우를 발견하게 된다. 여기에는 여러 이득이 있지만, 그중에서도 가장 좋은 것은 반복된다는 것이다. 같은 개념을 세 사람의 입을 통해 다양하게 듣는 것보다 좋은 반복은 없다.

그들이 말하는 공통적인 부분은 그만큼 중요하다는 이야기이므로 반드시 해야 하는 것이고, 각자의 노하우가 나의 성향과 맞으면 내 것으로 만들면 된다. 그렇게 노하우를 하나하나 모아가다 보면 자신의 성향에 맞게, 자신만의 방식이 조금씩 다듬어진다. 물론 이렇게 접근한다고 해서 무조건 성공하는 건 아니다. 다만 성공 확률을 0.01%라도 높일 수 있다면 나는 만족한다.

그런데 여기서 문제가 하나 있다. '3권을 읽어야 한다는 건 알겠는데, 도대체 경험자들이 쓴 책은 어디에 있는 걸까?'라는 문제 말이다. 지금부터 나의 문제를 해결해줄 '책 고르는 방법'을 말해보려 한다.

나의 문제를 해결해줄
책 고르는 방법

> "돈 잘 버는 사람들은 자료 조사 능력이 좋은 것 같아. 모든 해결
> 방법은 찾다 보면 나오는데 보통 사람들은 아무것도 안 해." 처음
> 에는 고통스러웠지만 스스로 생각하는 능력은 그렇게 만들어졌다.

돈 잘 버는
사람들의 공통점

유튜브에서 책 리뷰를 해보고 나의 생각을 말하다 보면 다
음과 같은 댓글이 달린다. "제가 이러이러한 상황인데 어떤 책
을 읽어야 할지 모르겠어요." 평소 답글을 달아주는 편이 아니
라서 이 지면을 빌려 나는 어떻게 했는지 답해보려 한다. "별로

안 궁금한데요?"라고 말한다면 어쩔 수 없지만, 몇몇 궁금한 분을 위해 적어보겠다.

물리치료사, 부동산 투자자, 강사, 작가, 유튜버로서 살아가면 수많은 사람을 만나게 된다. 그러다 보면 저절로 얻게 되는 몇 가지 이득이 있다. 그중 하나가 성공한 사람들이 지닌 공통된 능력을 알게 된다는 것이다. 그것은 바로 '자료 조사 능력'이었다.

온라인 교육을 하다 보면 여러 가지 질문을 받게 된다. 그러나 이런 질문의 90%는 검색 한 번으로 쉽게 알 수 있는 정보들이다. 검색 한 번으로 알 수 있는 기본적인 단어조차 스스로 알아보지 않는 경우가 많았다. 물론 돈 내고 듣는 강의이니 질문을 해도 된다. 그러나 그러한 습관은 오히려 자신의 성장을 방해할 수도 있다. 이왕이면 쉽게 알 수 있는 정보가 아니라 쉽게 알 수 없는 정보를 얻는 데 질문 기회를 사용하면 더 좋을 테니 말이다.

나와 같이 직장 탈출을 꿈꿨던 친구가 이런 말을 했었다. "돈 잘 버는 사람들은 자료 조사 능력이 좋은 것 같아. 모든 해결 방법은 찾다 보면 나오는데 보통 사람들은 아무것도 안 해."

왜 이런 습관이 만들어진 걸까? 나는 이게 주입식 교육의 폐해라고 생각한다. 모든 교육이 준비되어 있고 모든 자료를 선생님이 제공한다. 우리는 그저 선생님이 주신 정보와 커리큘럼을 보고 따랐을 뿐이다.

물론 나도 강의를 하는 사람으로서 최적의 자료를 제공해야한다는 것을 인지하고 있다. 하지만 이런 어린 시절을 보내온나는 '내가 해야 할 공부는 뭐지?' '내가 호기심을 가지고 있는 주제는 뭘까?' '어떤 공부 방법이 나에게 적합할까?' '어떤 단어를 검색해야 내가 원하는 정보를 얻을 수 있을까?'와 같은, 스스로 생각하는 시간을 가지지 못했다. 그걸 20대 후반이 되어서야 알았다.

스스로 생각하는
능력 키우기

과거의 나는 수동적으로 살아가는 데 익숙했다. 물리치료사로서 병원에서 주어지는 업무를 그대로 수행하며 살아갔다. 물론 주어진 과제를 올바르게 수행하는 능력도 꽤 중요하다. 하지만 스스로 생각하는 시간을 의도적으로 만들지 않으면, 성장의 한계치가 있다는 것은 확실했다.

그렇다면 나는 이런 점을 어떻게 극복하려고 했을까? 해결 방법을 찾으려고 의도적으로 노력한 건 아니지만, 독서를 하다 보니 저절로 알게 된 게 있다. 다음과 같은 질문을 순서대로 자신에게 해보며 종이에 답을 적어봤다. 이런 시간이 처음에는 고통스러웠지만 스스로 생각하는 능력을 만들어줬다.

1. 내가 지금 고민하는 건 뭘까?
2. 고민을 해결해주고 도움이 될 만한 책은 어디 있을까?
3. 어떤 키워드를 검색해야 나올까?

앞서 여러 번 말했지만, 물리치료사로 일하며 내게 부족했던 것은 '환자와의 대화'였다. 어떻게 이끌어야 할지도 몰랐고, 신뢰 관계를 어떻게 형성하는지 아예 몰랐다. 물론 명의 수준으로 치료 실력이 뛰어나면 대화 같은 건 필요 없을 수도 있다. 다만 대화도 잘하고 치료도 잘하는 물리치료사가 되면 더 좋겠다 싶었다.

개인적으로 아무리 음식 맛이 좋아도 직원 서비스가 별로이면 다시 가지 않는 편이라서 그런 생각을 하게 된 듯하다.

아무튼 그렇게 내가 지금 고민하고 있는 주제를 찾았다. 그 다음에는 '환자와의 대화에 도움이 될 만한 책은 어디 있을까?'였다. 그런데 스스로 키워드를 고민하는 데는 한계가 있었다. 그래서 네이버, 구글, 유튜브에서 검색하며 자동으로 완성되는 연관 검색어에 집중해봤다. 그러자 대화, 설득, 관계형성, 신뢰, 심리, 인간관계 등이 나왔다.

이렇게 키워드를 찾았다면 서점 사이트에서 판매량이나 리뷰 등을 참고하면서 5권 정도로 추린다. 유튜브에서 '설득 책 추천' '사업가 대화법' '인간관계 인생 책' 등을 검색해보며 조사하기도 한다. 그렇게 나온 몇몇 책 제목을 메모하여 서점으로 가서 목차와 앞부분을 읽어보고 매끄럽게 읽히는지 체크한다. 서점에 재고가 없다면 인터넷 서점에서 미리보기를 이용할 수 있다.

이렇게까지 하는 이유는 앞에서도 말했지만, 아무리 멘토가 추천하는 책이라도 자신의 수준과 맞지 않으면 읽는 내내 스트레스를 받을 확률이 높기 때문이다. 물론 그렇게 하면 성장에 도움이 되기는 하겠지만, 나는 책을 읽을 때 재미있어야 한다는 것을 우선 원칙으로 세웠다.

작가마다 문체 스타일이나 성향이 다르다. 쉬운 단어로만 쓰는 사람, 어려운 단어나 전문용어를 사용하는 사람, 현실적으로 전달하는 사람, 잘 포장해서 표현하는 사람 등등 다양하다. 작가마다 전달력이 다르고 사람마다 취향과 독해력이 다르므로 '잘 읽히는 정도'는 각자의 기준에 맡기겠다.

외국 서적인 경우, 출판사나 번역자에 따라 내용이 미묘하게 달라지기도 한다. 물론 큰 차이는 없겠지만 나에게는 꽤 크게 느껴졌다. 만약 같은 책을 여러 출판사에서 번역했다면 조금이라도 읽어보고 구매하기를 권장한다. 나는 이렇게 관련된 책을 찾아 읽어보며 '상황별 환자 멘트법'을 만들었다.

그 결과 당시 병원에서 막내였던 나는 3개월 만에 매출 1등을 찍었다. 그때 추가 인센티브를 받으면서 월급이 650만 원 가까이 되었다.

다시 한번 정리하면, 나는 다음과 같은 순서로 책을 고른다.

1. 내가 지금 고민하는 건 뭘까?
2. 고민을 해결해주고 도움이 될 만한 책은 어디 있을까?

3. 어떤 키워드를 검색하면 쉽게 찾을 수 있을까?(연관 검색어, 유튜브 참고)
4. 온라인 서점에 검색하여 판매량, 리뷰 등을 참고하여 5권 정도 추린다.
5. 서점으로 가 목차와 앞부분을 읽으며 술술 읽히는지 확인한다.

그렇게 보통 2~3권 정도를 구매하여 읽어본다. 이제부터가 중요한데, 3권을 효율적으로 읽는 방법도 있다. 당연히 내게 맞는 방식이라 당신과 맞지 않을 수도 있다. 단지 내 경험을 간접적으로 체험하면서 영감이나 힌트를 얻길 바랄 뿐이다.

해부학 A+ 받은 공부법과
3권을 효율적으로 읽는 연관성

책 3권을 정하면 되도록 '단기간'에 읽는다. 언제까지 읽겠다고 기한을 정해두면 몰입의 효과는 배가된다. 책 3권에서 경험자들이 말하는 공통점과 노하우를 얻는 것이 목적이기 때문이다.

중간에 멈추면
안 된다는 규칙

축구 팀닥터가 되겠다는 꿈을 꾸면서 나는 물리치료학과에 입학했다. 1학년 전공과목에는 해부학, 생리학, 기능해부학 등이 있었는데, 아직도 그때의 경악을 잊지 못한다. 인체에 있는 뼈, 근육, 신경, 힘줄 등 모든 의학용어를 외워야 했기 때문이다. 일반적인 영어를 공부해본 적도 없어서 읽기조차 힘든 의학용어는 더더욱 버거웠다.

그런데 놀랍게도 해부학 A+, 기능해부학 A+, 생리학 A를 받았다. 어떻게 이런 일이 일어난 걸까? 1학년 1학기 때 알게 된 나만의 공부 방법 덕분이었다. 나는 졸업할 때까지 그 방법을 유지했고 이러한 방법은 몸값을 올리는 독서법에도 그대로 적용되었다.

만약 의대 학생이 이 글을 읽는다면 가소롭다고 여길지도 모르겠지만, 지극히 개인적인 의견이니 이해해주길 바란다. 내가 해부학과 기능해부학을 공부하기 시작할 때 가장 먼저 했던 생각은 '외울 생각은 하지 말자'였다. 물론 처음에는 한 장 한 장 이해하면서 암기했었다. 그러다 보니 속도감도 없고 재미도 없었다.

누구나 그렇듯이 어느 정도 흥미가 있어야 공부도 잘된다. 나는 재미없는 걸 붙잡고 버틸 수 있는 재능을 가진 사람은 아니었다. 그래서 내가 언제 흥미를 가지는지 곰곰이 생각해보니, 항상 배경지식이 있을 때라는 결론에 이르렀다. 배경지식이 있는 상태에서는 자연스럽게 궁금증이 생겼기 때문이다.

그래서 나는 해부학 전공 책을 외우지 않고 단어마다 동그라미를 치며 반복적으로 읽기만 했다. 단어에 동그라미를 친 이유는 내가 집중력이 좋지 않아서다.

예를 들어 해부학 책이 총 500쪽이고, 시험 범위는 앞부분 250쪽이라고 가정해보자. 250쪽 안에 5개 챕터가 있다면 나는 우선 5개 챕터를 한 번에 읽는다. 암기 없이 끝까지 읽기만 하는 것이다.

이때 중간에 멈추면 안 된다는 중요한 규칙을 세운다. 50쪽까지만 읽고 며칠 후에 나머지를 읽어서는 안 된다는 말이다. 되도록 하루에 다 읽거나 연속 이틀에 끝내야 한다. 이렇게 총 3~4번 읽는다. 그다음부터는 한 챕터씩 공략하여 천천히 이해하며 암기한다.

너무 간단해서 말하기 민망할 정도지만, 나는 이 방법으로 모든 전공 과목을 공부했고 한두 과목을 제외하고 A+를 놓치지 않았다. 물론 공부만 했으니 가능한 일이 아니냐고 생각할 수도 있는데, 그건 아니라고 당당하게 말할 수 있다. 내 동기들은 알겠지만, 나는 대부분의 학교 행사와 술자리에 참여했고 연애도 했다. 심지어 체육대회에서 계주와 축구 주전으로도 뛰었기에 연습에도 임했다.

다만 앞서 말한 공부법을 이용해 시험 2주 전부터 공부했다. 그런데 왜 이렇게 공부 효율이 좋았던 걸까? 조금 더 구체적으로 말해보겠다.

새로움에 도전하거나
능력을 얻으려고 할 때

처음 가보는 목적지를 향해 걷다 보면 '왜 이렇게 멀어'라는 생각이 든다. 그런데 같은 길을 돌아가면서는 '생각보다 금방이네'라는 생각이 들 때가 있다. 그리고 언젠가 다시 그 길을 가다 보면 '이쯤에서 이런 가게가 나올 텐데'라는 여유가 생긴다. 나는 이 원리가 내가 했던 전공 공부를 했던 방법과 비슷하다고 생각한다.

나는 똑똑하지 않은 사람이다. 따라서 한 번 읽었다고 해서 모든 게 기억에 남지 않는다. 대신 소설책을 읽은 것처럼 어느 정도 큼지막하게 드문드문 기억이 남아 있을 뿐이다. 그런 상태에서 공부를 시작하면 이야기는 조금 달라진다. 암기 속도가 훨씬 빨라질 뿐 아니라 나름 재미도 더해진다.

왜냐하면 어느 정도 배경지식이 쌓인 상태이기 때문이다. 뒤에 나올 내용을 정확히는 아니어도 대충은 알고 있기 때문에 이해의 폭이 처음 볼 때와는 다르다. 암기력이라는 것은 천재가 아닌 이상 그러한 폭에 비례한다고 본다.

다시 독서법으로 돌아와서 내 상황을 해결해줄 책 3권을 정하면 나는 전공 공부 방법처럼 3권을 최대한 '단기간'에 읽었다. 언제까지 3권을 모두 읽을지 기한을 정해두면 몰입의 효과는 배가된다. 그렇게 단기간에 읽으면서 몰랐던 부분이나 영감을 준 부분에는 밑줄을 치고, 이미 알고 있는 내용은 빠르게 넘어간다.

책 3권에서 경험자들이 말하는 공통점을 인지하고 노하우를 얻는 것이 목적이기 때문이다. 즉 어떤 일에 도전하기 전이나 새로운 능력을 얻기 전에 배경지식을 쌓는 단계인 셈이다. 또는 특정 기술을 익혀 바로 써먹고 싶을 때도 적합하다.

이처럼 같은 주제로 책 3권을 단기간에 읽으면 똑같은 개념이 3번 반복된다. 단지 작가마다 전달력에 차이가 있어서 사례나 예시 같은 내용만 조금씩 다를 뿐이다. 이게 우리에게는 오히려 좋다. 같은 개념을 다양한 이야기로 들으면 이해하기도 쉽고 장기 기억으로 넘어갈 확률이 높기 때문이다.

공부에서 가장 좋은 건 '반복'이다. 대부분의 사람은 똑같은 내용을 반복하는 것을 싫어한다. 반복이 가장 강력하고 효과가 좋은 방법이기는 하지만 인간의 본성은 반복을 지루하게 여긴다. 매번 말하지만, 자신의 약점이자 본성을 인정하고 전략을 달리하는 것이 효율적이다.

따라서 나는 책 3권을 읽으면서 조금이라도 지루함을 줄였다. 물론 단기간에 빠르게 읽지 않고 한 권을 오래 읽는 방법도 있다. 하지만 나는 특정한 재능을 익히고 배경지식을 쌓기 위한 독서는 단기간에 해야 한다고 생각한다. 목적에 따라 독서법이 조금씩 달라지는 것이다.

예를 들어 부동산 경매에 투자하기 전에 배경지식을 쌓는다고 해보자. 경매 입문 책을 구입해서 1챕터만 먼저 읽고 일주일 후에 2챕터를 읽는다면, 과연 1챕터가 기억에 남아 있을까? 이런 식으로 띄엄띄엄 읽는다면 독서로 경매 투자에 관한 지식을 얻기는 어려울 것이다.

자, 자신에게 필요한 주제와 관련된 책을 3권 이상 읽었는가? 그렇다면 지금부터 긴장해야 한다. 3권을 읽고 난 후가 중요하기 때문이다.

3권을 읽고 나서부터
긴장해야 하는 이유

살면서 꼭 지키려고 하는 규칙이 있다. 0에서 시작할 때마다 책을 꼭 읽는 것이다. 책을 읽고 나면 긴장해야 한다. 여기서 새로운 능력이 만들어지냐, 안 만들어지냐로 나누어지기 때문이다.

모든 시작은
책으로부터

나는 살면서 꼭 지키려고 하는 규칙이 있다. 0에서 시작할 때마다 책을 반드시 읽는 것이다. 물리치료사로 일하면서 부동산 경매 투자를 하더라도, 유튜브 채널을 만들어 시작하더라도, 나만의 웹사이트를 만들어 브랜딩할 때도 마찬가지다. 지

금까지 해온 방식 가운데 가장 효과가 좋았기에 안 할 이유가
없었다.

자, 내가 알고 싶은 분야의 책을 읽었다면 이때부터 긴장해
야 한다. 여기서 새로운 능력이 만들어지냐, 안 만들어지냐로
나누어지기 때문이다. 책 3권을 단기간에 읽으면, 경험자들이
공통적으로 말하는 배경지식이 어느 정도 쌓이게 된다. 아무것
도 몰랐을 때와는 전혀 다른 관점을 갖게 되는 것이다.

만약 그 3권이 내 업무에 당장 필요한 주제였다면, 똑같은
업무를 하더라도 일하는 시간이 조금씩 줄어들 것이다. 생산성
이 좋아지는 걸 본인 스스로 느끼게 된다. 이렇게 업무와 직접
적으로 관련된 독서를 한다면 적용하는 데 별문제가 없다. 적
용하기 까다로운 문제는 새로운 일에 도전할 때 발생한다.

내가 부동산 경매 투자를 하기로 했을 때 책을 먼저 읽어봤
다. 그런데 책만 읽고 도전하려고 하니 생각처럼 쉽지 않았다.
물론 실패할 각오를 항상 가지려고 하는데도 막상 실행하려니
생각보다 두려움이 거대했다. 그래서 최후의 수단으로 롤모델
을 찾아 나섰다.

나는 그 사람이 '어떤 내용을 전달하느냐'보다 '어떤 가치관
을 지니고 있나'에 더 집중한다. 결이 비슷한 사람의 경험을 들

는 것이 가장 가성비 있는 투자라고 생각한다. 내가 했을 법한 고민을 그 사람도 했을 것이고, 그에 맞는 해결 방법을 찾았을 확률이 높기 때문이다.

그런데 롤모델을 찾는 것과 책 3권을 먼저 읽는 것이 무슨 상관일까? 이미 눈치챈 분도 있겠지만, 배경지식이 없는 상태에서는 이 사람의 전달력이 좋은지, 어떤 가치관을 지녔는지 파악하기가 어렵다. 내가 기본 개념은 알고 있어야 저 사람이 어떤 비유와 사례로 설명하는지, 어떤 단어로 쉽게 설명하는지, 어떤 전략을 쓰는지를 이해할 수 있다. 그리고 무엇보다 질문의 수준이 달라진다.

0에서
1이 되기까지

내가 처음부터 전공과 관련 없는 강의를 찾아 들은 건 아니다. 배움에 익숙하지 않던 시절에는 '굳이 돈 주고 강의를 들어야 할까?'라는 의문이 들었다. 돈이 너무 아까웠다. 이건 나만의 생각이 아니라는 걸 새삼 느낀다. 몇몇 유튜브 영상에 "다

책에 나와 있는 내용이네. 비싼 돈 내고 강의 들을 필요 없어"
라고 댓글이 달린 걸 보았다.

그러한 글을 읽으면 '맞아, 맞는 것 같아'라고 생각하며 고
개를 끄덕이게 된다. 책으로 알게 된 공통점과 노하우를 한 번
씩만 따라 해봐도 충분하기 때문이다. 굳이 비싼 돈을 내고 강
의를 들을 필요도 없다. 금전적인 부담이 크거나 필요성을 못
느끼는 사람은 진심으로 책만 읽어도 충분하다고 생각한다.

그런데도 내가 굳이 비용을 지불하고 강의를 들었던 이유
는 효율적으로 다듬어진 공식을 얻음으로써 실행을 하기 위함
이었다. 일정한 대가를 지불하고 시행착오를 줄여나간 것이다.
또 거기에는 책이라는 글에서 주는 에너지와는 조금 다른 에
너지가 있었다. 비슷한 가치관을 가진 사람들이 모인 환경과
전달자의 목소리, 말투, 제스처 같은 것에는 보이지 않지만 분
명 어떠한 힘이 존재한다.

다시 본론으로 돌아와서, 0에서 1로 가는 과정에는 책 3권
읽기와 직접 실천해보기가 필요하다. 여기까지만 해봐도 충분
하다. 참고로 내가 말하는 0에서 1까지 간다는 것은 '수익이 발
생했다'는 의미가 아니다. 0에서 1을 만드는 과정은 새로운 능

력을 얻는 것이다. 개념을 받아들이고 직접 해보는 것만으로도 '능력을 얻었다'고 볼 수 있다. 그러한 능력이 쌓이게 되면서 폭발적인 수익이 만들어지는 것이다.

책 3권을 읽는 것까지는 어느 정도 의지만 있으면 누구나 할 수 있다. 그러나 이후에 직접 실천하는 일은 절대 쉽지 않다. 우리 주위에는 유튜브, OTT, 술, 연인, 운동 등 즐거움을 주는 것이 너무 많다. 실제로 나도 우울증에 걸릴 정도로 미루고 미룬 적이 있다. 그런 나 자신이 너무 싫었다. 그러다 이 책에서 말하는 여러 전략 덕분에 나름 만족스러운 하루를 보내게 되었다. 아직도 말하지 못한 전략들이 더 있으니 부디 당신에게 도움이 되길 바란다.

PART 4

책을 읽은 지 2년 만에
직장을 탈출하다

인생 책을 정했으면 반복해서 읽는 것을 권장한다. 사람은 새로운 경험을 하며 진화하는데, 그러한 상태에서 인생 책을 다시 읽으면 이전보다 더 좋은 영감을 얻을 수 있기 때문이다. 다시 읽을 때 내용이 익숙하다면 줄 친 부분과 여백에 적어둔 것만 봐도 충분하다. 다만 6개월에 한 번 정도 전체를 정독하면 효과는 배가된다.

당신이 악바리가 아닌 이상, 열정과 다짐만으로는 습관을 만들 수 없다. 우리는 인간의 나약한 본성을 인정하고 전략을 써야 한다. 그 전략은 바로 환경을 설정하는 것이다. 습관은 환경에서 만들어지기 때문이다. 환경을 설정하는 능력을 얻게 되면, 그 어떤 일을 하더라도 만족스러운 삶을 살 확률이 높아진다.

자신을 믿지 않고 할 수밖에 없는 환경을 이용할 때 우리는 폭발적으로 성장한다. 모두 그런 것은 아니지만, 책을 읽다 보면 여러 부작용이 올 수 있다. 꼰대가 되거나, 다른 사람을 하찮게 보거나, 책을 쓴 저자를 추종하게 된다. 이런 점을 경계하고 주의할 필요가 있다.

나의 인생을 바꿔준 몇 권의 책

고난이 올 때마다 특정한 책을 펴는 습관을 만들었다. 살다 보면 어느 순간 나사 하나가 빠진 것 같을 때가 있다. 그럴 때마다 데일 카네기가 쓴 『자기관리론』을 꺼내 읽는다.

하나를 반복해서
보는 이유

나는 1년에 한 번씩 꼭 보는 영화가 몇 개 있다. 〈어바웃 타임〉, 〈월터의 상상은 현실이 된다〉, 〈벤자민 버튼의 시간은 거꾸로 흐른다〉 정도.

같은 영화를 여러 번 보는 이유는, 볼 때마다 내가 관심을 가지는 대상이 달라져 있기 때문이다. 예를 들어 〈어바웃 타임〉을 처음 봤을 때 나는 두 주인공을 보고 있었다. 두 번째 볼 때는 아버지와 아들의 관계를 보고 있었고, 세 번째 볼 때는 우리에게 주어진 시간에 대해 보고 있었다. 이후에는 주인공들의 친구들이 보이기도 했다.

나는 왜 똑같은 영화를 보는데 매번 다른 깨달음을 얻는 걸까? 이유는 간단한데, 그동안 내가 새로운 경험을 하며 성장함에 따라 관점이 달라졌기 때문이다. 따라서 똑같은 걸 봐도 매번 다른 영감을 얻게 된다.

책도 마찬가지다. 인생 책이라고 정해둔 것은 세월이 흘러 다시 읽어볼 때마다 새롭다. 이전에는 얻을 수 없었던 귀한 영감을 선물해준다. PART 1에서 말한 5가지 이야기를 기억할지 모르겠지만, 나는 책 2권을 읽고 나서 깨달음을 얻었지만 행동까지 이어가지 못했다. 내 수준이 딱 거기까지였던 것이다. 하지만 1~2년이 지나고 다시 읽어봤을 때는 인생의 터닝포인트가 될 만한 영감을 받았고, 삶이 달라지기 시작했다.

그렇다면 인생 책이라는 것은 무엇일까? 나에게 필요한 책을 한 권 한 권 읽다 보면 "와, 이건 진짜 대박이다"라는 말이

한 페이지를 읽을 때마다 나올 때가 있다. 나는 그러한 책을 인생 책이라고 말한다. 그리고 그러한 책은 정기적으로 '씹어 먹을' 만한 가치가 있다.

이쯤에서 "당신의 인생 책은 뭔가요?"라며 누군가 물어보지 않을까 싶어 적어보자면, 세이노가 쓴 『세이노의 가르침』, 데일 카네기가 쓴 『자기관리론』과 『인간관계론』이다. 자기계발서에 관심이 있는 사람이라면 한 번쯤 들어봤을 책이다. 나는 이러한 책을 필요할 때마다 꺼내 읽거나 정기적으로 읽어보고 있다.

외우려고 하기보다는
필요할 때마다

나는 고민을 사서 하는 편이다. 그리고 지나가다 툭 던지는 말이라도 오랜 시간 끌어안고 있는 골치 아픈 성격을 지녔다. 물론 요즘에는 '뭐 어쩌겠어'라는 식으로 그러려니 한다. 하지만 과거에는 지금보다 미성숙했기 때문에 마음과 정신을 관리할 수 있는 책을 자주 읽었다.

그런데 아무리 마인드 컨트롤에 도움이 되는 글을 읽는다고 해도 그 순간뿐이다. 실제로 내게 고난이 덮쳐오면 그동안 읽었던 좋은 말들은 전혀 생각이 안 난다. 결국 나는 또다시 스트레스를 받고 감정에 휘둘려 판단력이 흐려진다. 그렇게 잘못된 선택을 하곤 했다. 그런 삶이 반복되었다. 그래서 나는 나의 나약함을 인정하고 또 하나의 규칙을 만들었다.

'문제가 생겼을 때 최대한 선택을 미루자. 밤에는 결정하지 말자. 책을 꺼내 읽고 진정이 되면 다시 생각해보자.'

그렇게 나는 고난이 올 때마다 특정한 책을 펴는 습관을 만들었다. 직장 생활을 할 때도 마찬가지였지만, 법인을 운영하다 보면 어느 순간 머리에 있는 나사 하나가 빠진 것 같을 때가 있다. 겉으로는 멀쩡한 듯해 보여도 말이다. 나는 그럴 때마다 데일 카네기가 쓴 『자기관리론』을 꺼내 읽는다. 그러면 한 권을 다 읽기도 전에 한결 기분이 편안해진다. 그러고 나서 문제를 글로 적어보고 내가 해야 할 일을 정한다.

물론 이 외에도 내게 도움이 되는 책이 몇 권 더 있다. 인생 책이라고 하기보다는 이사할 때 버리지 않고 챙겨 갈 정도라고 해두자. 특정한 능력을 얻는 데 도움을 주었거나, 가끔 꺼내 읽어보는 책이다. 그러한 책들을 거의 언급한 적이 없는데, 독자들을 위해 블로그에 적어두려 한다. 네이버에 'shynote'라 검색하면 확인할 수 있다. 내가 지금까지 읽은 책 중에서 지극히 주관적인 기준으로 선별한 것이지만, 참고하면 책을 찾아보는 시간이 많이 줄어들 것이다.

참고로 『세이노의 가르침』은 정식 출판된 서적이 아니었다. PDF로 보던 것인데, 종종 유튜브 구독자분들이 문의하여 직장탈출학교 홈페이지 공지사항에 올려뒀다. 그런데 2023년 3월에 정식 출판되었다. 700쪽이 넘는 책을 만 원도 안 되게 판매하는 걸 보면 수익은 전혀 내지 않는 듯하다. 워낙 방대한 주제를 다루다 보니 흥미가 가는 목차만 골라 읽는 것도 좋은 방법이다(나와 이해관계가 전혀 없다. 다만 존경하는 마음으로 언급한다).

갑자기 이야기가 샜는데, 지금부터 내가 인생 책을 읽는 방식을 구체적으로 말해보려 한다. 이미 세상에 나온 방법론일 수도 있지만, 당신에게 힌트라도 되길 바란다.

인생 책을 읽는 방법은 따로 있다

사람은 망각의 동물이라고 한다. 그래서 책을 읽어도 인생에 변화가 크게 없는 것일지도 모른다. 따라서 나는 인생 책이라고 여기는 책을 5번 넘게 반복적으로 보고 있다.

한 번에
한 권만 판다

나는 책을 빌리는 것보다 직접 사서 읽는 것을 선호한다. 왜냐하면 책을 읽다가 내 삶에 적용할 만한 영감이 떠오르면 여백에 메모를 하기 때문이다. 그리고 개인적으로 좋았던 책은 1년에 한두 번씩 더 읽어보기 때문에 빌리는 것보다 사서 읽는 것을 더 선호한다.

다른 건 아껴도 책을 사는 데는 돈을 아끼지 않는다. 설령 이사할 때 정리해서 버린다고 해도 말이다. 물론 책값이 부담되는 시절도 있었다. 그 시절에는 앞서 말했다시피, 중고 서점을 이용했었다.

아무튼 책을 읽기 시작하는 단계에서 나의 상황에 필요한 주제, 잘 읽히는 책을 구매한다. 처음에는 책을 읽으며 도움이 되는 내용과 영감을 받은 문장에 형광펜으로 줄을 긋는다. 그리고 내 인생에 적용할 만한 아이디어가 떠오르면 여백에 적어둔다. 이런 과정을 거치면서 한 번 정독한다. 그리고 대략 일주일 후에 한 번 더 읽어본다. 이때는 줄 친 부분과 내가 적어둔 메모만 다시 읽는다.

이 방법은 고등학교 시절에 알게 된 수학 공부 방법을 응용한 것이다. 고등학교 3학년 6월 모의고사까지 모든 과목 평균이 5~6등급이었다. 그런데 수학은 단기간에 점수를 많이 올릴 수 있다고 해서 그때부터 수학만 팠다. 수능이 얼마 남지 않아 '정말 될까?' 하며 의심했지만, 전국 순위에 드는 사람이 알려준 공식이기에 그대로 따라 해봤다.

방법은 아주 간단하다. 기본서를 한 권 사서 여러 번 풀어보는 것이다. 이렇게만 말하면 너무 간단하다고 욕을 먹을지도 모르니 좀 더 구체적으로 말해보겠다. 나는 『개념원리』라는 문제집을 구매했다. 먼저 한 번 쭉 풀어보았고, 완벽하게 맞힌 문제는 다시 보지 않았다. 틀린 문제는 빨간 펜으로 체크해둔다.

여기서 중요한 포인트가 하나 더 있는데, 답이 맞았어도 20초 넘게 고민한 문제도 빨간 펜으로 체크해두었다. 그리고 5분 이상 고민해도 모르면 부담 없이 해설을 봤다. 그다음 두 번째 풀 때는 빨간 펜으로 체크해둔 문제만 다시 풀었다. 틀린 문제와 20초 넘게 고민했던 문제만 다시 보는 것이다. 그렇게 또다시 풀어보면서 틀리거나 20초 넘게 고민한 문제는 또다시 빨간 펜으로 체크한다.

세 번째 풀 때는 빨간 펜으로 두 번 체크된 문제만 본다. 이걸 계속 반복한다. 문제를 보자마자 바로 풀 수 있을 때까지 말이다. 이쯤부터는 한 권을 정독하는 속도가 폭발적으로 빨라진다. 네다섯 번째 볼 때는 문제가 10개 정도만 남아 있어서 1시간이면 충분하다. 나는 이런 방식으로 『개념원리』에 있는 모든 문제에 20초 넘게 고민하는 문제가 하나도 없을 때까지 반복해서 풀었다.

너무 오랜 시간이 지나 정확하지는 않지만 6~7번 정도 봤던 걸로 기억한다. 그러고 나서는 3년 치 기출문제집 한 권을 구매해 두 번을 봤다. 결과적으로 4개월 만에 6등급에서 2등급이 되었다. 그 덕에 수리 점수 하나로 물리치료사로서 일할 수 있게 되었다. 참고로 수리 (나)형이다. 오해하지 마시길.

나만의 인생 책을 읽는 방법도 마찬가지다. 예를 들어 책을 처음 읽을 때 10일이 걸렸다면, 그다음 책을 읽을 때는 줄 친 부분이랑 메모한 부분만 보기 때문에 하루나 이틀이면 충분하다. 그리고 6개월에서 1년이 지난 후나 나에게 그 책의 내용이 필요할 때, 책 전체를 다시 읽어보며 눈에 띄는 구절에 줄을 긋고 아이디어를 여백에 적어둔다. 세월이 지남에 따라 이전과 경험치가 다르기 때문에 새로운 줄과 아이디어가 만들어질 것이다.

당신도 알다시피 사람은 망각의 동물이다. 한 번 읽고 모든 걸 외우는 천재가 아닌 이상, 보고 들은 것 중에서 70% 이상을 잊어버린다. 그래서 책을 읽어도 인생이 크게 달라지지 않는 것인지도 모른다. 따라서 나는 인생 책이라고 여기는 책을 5번 이상 반복적으로 보고 있다.

앞에서도 말했지만 처음 읽을 때만 오래 걸린다. 반복해서 볼 때는 줄 친 부분만 다시 읽지, 전체를 다 읽지 않는다. 그러다 어느 날 문득 다시 읽어보고 싶어지면 그때 다시 전체를 읽는다. 물론 이렇게 반복해서 볼 책은 나에게 많은 영감을 준 책, 앞으로도 도움이 될 것 같은 책만 해당한다.

아이디어를
여백에 적는 습관

'책을 읽다가 떠오른 영감을 여백에 적어둔다'는 말을 예로 들어보겠다. 직장탈출학교 홈페이지를 만들면서 브랜딩과 마케팅 공부가 필요했다. 그래서 그 주제와 관련하여 책을 찾아 읽었다. 그 안에서 한 가지 개념을 발견했는데, '고객이 보자마자 떠오를 수 있는 명확하고 간단한 메시지를 정해야 한다'는 것이었다. 그리고 이러한 메시지를 반복하여 드러내는 것이 핵심이었다.

잠시 책 읽는 걸 멈추고 5분 정도 고민한 뒤, 책에 나와 있는 여러 사례를 참고하면서 여백에 다음과 같이 적어두었다.

1. 회사를 위한 게 아니다. 나의 몸값을 올린다.
2. 직장 탈출을 준비하는 학교
3. 직장을 탈출하려면 학교에서 가르치지 않는 걸 배워야 한다.

별것 없어 보이지만, 나는 앞선 글들을 유튜브 콘텐츠 중간 중간에 녹였다. 이처럼 책 여백에 적어두는 글들은 보통 내가 바로 써먹을 수 있는 행동이나 아이디어다. 물리치료사로 일하면서 설득 관련 책을 읽을 때도 마찬가지였다. 여러 사례를 보면서 '나는 환자들에게 이렇게 말하면 되겠다!' 싶으면 여백에 바로 환자에게 말할 내용을 적어두었다.

여기서 중요한 것은 떠올랐을 때 바로 적어두는 행동이다. 순간적으로 떠오른 생각들은 휘발성이 매우 강하다. '나중에 이렇게 해봐야지' '고객에게 이렇게 말해봐야지'라고 생각하는 순간 95% 넘는 확률로 까먹는다. 그래서 나는 항상 자기계발서 근처에 펜을 두거나, 휴대전화 메모장에 기록하는 습관을 들였다.

그러다 보니 좋은 책을 읽을 때는 몇 페이지를 읽는 데 몇 시간이 걸리기도 한다. 떠오르는 생각을 적어두는 시간이 많이 차지하기 때문이다. 만약 당신이 콘텐츠를 만드는 일을 하거나 할 예정이라면, 아니 그 무엇을 하든 떠오르는 영감을 적어두는 습관을 만들었으면 좋겠다.

자신을 믿지 않고 환경을 이용할 때 우리는 성장할 수 있다

내가 유일하게 자랑할 수 있는 능력 2가지가 있는데, 첫째는 책을 읽고 그중 하나를 정해서 내 삶에 적용해보는 것이다. 둘째는 '습관 만들기'다. 나는 습관 만들기를 나름 잘하는 편이다.

익숙한 환경에
새로운 행동을 더하다

나는 혼자 일하기 때문에 출근 시간이 정해져 있지 않다. 그래도 보통 오전 8시 30분에 일어나는 편이다. 일어나면 꼭 하는 행동이 있는데, 사과와 당근을 착즙기에 넣고 달걀을 삶는다. 찜기에 달걀을 넣고 타이머를 12분에 맞춘 다음 주스가 담긴 유리컵을 들고 책상으로 간다. '달걀이 삶아지는 12분 동안 뭘 할까?' 고민하다가 책을 읽기 시작했다.

휴대전화를 볼 수도 있지만, 오전에는 휴대전화를 보지 않는 것이 나 자신과 한 약속이다. 규칙이 많으니 피곤한 삶이기는 하다. 아무튼 12분은 아주 짧은 시간이기 때문에 내용이 많거나 복잡한 책은 읽지 않는다. 아침부터 자기계발서를 읽는 것도 난감하다. 여러 시도를 해본 끝에 단편 에세이집이 적당했다. 그렇게 나는 '아침에 에세이 읽기'라는 습관을 만들었다.

내가 유일하게 자랑할 수 있는 2가지 능력이 있는데, 첫째는 책을 읽고 그중 하나를 정해서 내 삶에 적용해보는 것이다. 둘째는 '습관 만들기'다. 나는 습관 만들기를 나름 잘하는 편이다. 물론 습관에는 나쁜 습관도 있겠지만, 내가 말하는 것은 나를 유리한 방향으로 끌고 가는 좋은 습관을 말한다.

나는 태어날 때부터 습관 만들기를 잘한 것일까? 절대 아니다. 이러한 능력은 약간의 전략과 의지만 있으면 누구나 얻을 수 있다. 특별한 건 없지만 내 경험을 말해보자면, 행동할 수밖에 없는 환경을 미리 설정해두는 것이다. 마치 대출을 갚아야 해서 회사를 그만둘 수 없게 되는 것처럼 말이다. 습관은 환경 설정에서 만들어진다는 것이 내 주장이다.

그렇다면 나는 왜 환경을 중요시하는 걸까? 인간은 쉽게 까먹는다. 나도 그러한 망각을 반복적으로 해왔다. 하지만 환경이 변하면 인간은 적응하게 되어 있다. 그래서 나는 습관을 만들기 위해 다음과 같은 전략을 자주 이용한다. 바로 익숙한 환경에 새로운 행동을 더하는 것이다.

예를 들어, 나는 아침마다 사과당근즙을 마시는 책상 위에 읽고 싶은 책을 둔다. 자기계발서나 소설책, 휴대전화는 그 공간에 절대 두지 않는다. 나는 평소 습관적으로 하는 '사과당근즙 마시기'라는 환경에 '에세이 읽기'만 더했다.

나는 책을 세 분류로 나누어 읽는 장소를 달리한다. 자기계발서는 사무실에만 있고, 집에는 한 권도 두지 않는다. 집에는 책상과 1인 소파가 있는데, 아침에 에세이를 읽는 공간과 잠자기 전 소설을 읽는 공간으로 나뉜다. 집에는 에세이와 소설책만 있는 것이다. 이러한 환경을 최종적으로 설정한 것은 그리 오래되지 않았다. 여러 실험 끝에 나에게 맞는 환경을 만들었고, 지금은 이 방식을 유지하고 있다.

군이 책 종류에 따라 공간을 나눈 이유는, 밤에 자기계발서를 읽으면 계속되는 영감 때문에 잠이 오지 않기 때문이다. 나는 생산성을 높일 수 있는 책을 읽으면 교감 신경이 활발해지면서 각성 상태가 된다. 따라서 잠이 오지 않아 새벽 3~4시에 자곤 했다. 그러면 자연스럽게 오후 늦게 일어나게 되고 하루 리듬이 완전히 깨진다. 이런 과정이 반복되다 보니 자기혐오가 극에 달하면서 우울증이 커졌다.

그래서 환경을 재설정하기로 했다. 밤 10시 이후로는 자기계발서를 읽지 않기로 했다. 그런데 읽지 않기로 한 자기계발서가 눈에 보이면 왠지 읽어야 할 것 같은 불안감이 들었다. 내가 좀 별난 사람이라서 그럴 수도 있다. 아무튼 그래서 모든 자기계발서를 사무실로 옮겼다. 그러자 그때부터 나의 하루가 정말 깔끔해졌다. 내 성향에 맞는 환경이 만들어진 것이다.

환경 설정을 이용한
다양한 사례들

내가 사무실을 계약한 이유도 환경 설정 때문이다. 사무실 월세와 관리비만 해도 80만 원이 넘게 나간다. '괜히 허공에 돈을 뿌리는 게 아닐까'라는 생각도 들었지만, 옷을 차려입고 출퇴근을 한다는 행위가 내게 필요하다고 판단했다. 집에서 일하다 보면 일의 시작과 끝이라는 선이 모호해진다. 그래서 잠을 자야 하는 시간에도 영감이 떠오르면 노트북을 켜고 일했다.

그러한 불안정한 환경 탓에 일정한 패턴이 없었다. 그러자 육체적인 문제가 생기면서 정신도 갉아먹는 나날을 보내게 되었다. 하지만 일과 관련된 모든 것을 사무실에 두고 집에는 휴식과 관련된 것만 두니, 일정한 시간에 잠을 자고 일어나게 되었다. 사무실이라는 환경 설정 덕에 일과 휴식 공간이 완전히 분리된 것이다. 결론적으로 월 80만 원 이상의 가치를 충분히 얻었기에 만족하고 있다.

이 외에도 숙면을 취하고 싶어서 인스타그램 앱을 삭제했다. 처음에는 불안하고 어색했지만 고작 이틀 만에 휴대전화 보는 시간이 대폭 줄었다. 또한 잠을 자려고 할 때는 휴대전화를 손에 닿지 않는 곳에 둔다. 나도 모르게 휴대전화로 자꾸만 손이 가도 저 멀리 있기 때문에 귀찮아서 안 보게 되었다.

그리고 잠자기 전에는 휴대전화 대신 소설책을 집어 들었다. 이러한 여러 가지 환경 설정 덕분에 고통스럽던 불면증이 사라졌다. 내가 만약 '잠자리에 들기 전 1시간 동안 휴대전화

보지 않기'라는 다짐을 했다면, 과연 지킬 수 있었을까? 나는 나를 잘 알기 때문에 "절대 아니다"라고 말할 수 있다.

그런데 잠이 오기 전까지 내가 좋아하는 소설책을 읽는 환경을 만들었더니 자연스럽게 휴대전화를 안 보게 되었다. 이런 경험 덕에 나는 어떠한 목표가 생길 때마다 "환경부터 바꿔보자"라는 말을 버릇처럼 꺼낸다. 물론 환경을 설정한다고 해도 달라지지 않는 경우도 있다. 다만 나는 성공 확률을 높이는 게 중요하다고 믿는 사람이다.

환경을 설정하는 습관은 일상에서도 분명 도움이 된다. 내 친구는 공부를 할 때마다 휴대전화 알람을 50분 후로 맞춰두는 습관이 있다. 그리고 알람이 울리면 10분 동안 잠시 쉬고 온다. 그런 모습을 기억하고 있던 나는, 집중이 정말 안 될 때 알람 설정을 따라 해봤다. 그런데 신기하게도 미친 듯이 몰입력이 올라갔다. 고작 '알람 50분 설정'만으로 집중력이 좋아진 것이다.

이뿐만이 아니다. 수영을 배우려고 소규모 레슨을 신청한 것도 내가 설정한 환경이다. 단체 수업보다 비싸기 때문에 돈이 아까워서라도 무조건 가게 되고, 시간 약속으로 일정한 스케줄이 된다. 나는 간혹 돈을 지불해서라도 환경을 만들어 실행한다. 실행만 하면 지불한 금액보다 가치가 있기 때문이다. 굳이 이렇게까지 해야 하나 싶을 수도 있지만, 이루고 싶은 게 있다면 굳이 이렇게까지 하는 게 더 낫다고 생각한다.

요약해보자면, 나는 어느 시점부터 실행력이 좋아졌고, 약속을 잘 지키고, 일정을 까먹은 적이 없을 정도로 꼼꼼해졌다. 머리가 좋아진 게 아니다. 성향이 바뀐 것도 아니다. 단지 환경 설정이라는 능력을 의식적으로 얻은 것이다. 물론 이러한 능력은 누구나 만들 수 있고 개발할 수 있다. 다만 약간의 전략이 필요하다는 것이 나의 견해다.

앞서 말했듯이, 이미 만들어진 고정 패턴에 새로운 패턴을 더하는 것은 매우 좋은 접근법이다. 나는 시작하는 것과 습관을 만드는 것만큼 중요한 건 없다고 확신한다. 우리는 자신의 열정과 끈기를 믿지 않고 환경을 이용할 때 비로소 성장할 수 있다. 나는 당신이 이 책에서 책 읽는 습관과 함께 실행력에 대한 아이디어를 얻어 갔으면 좋겠다.

책을 읽다 보면 생기는 부작용들

나는 몸으로 직접 겪은 3가지 부작용 때문에 '이 세상에 정답은 없다'는 말을 가슴 깊이 새기며 살고 있다. 마찬가지로 이 책에서 말하는 경험과 개념도 정답은 아닐 수 있다.

첫 번째,
꼰대가 된다

나는 한때 자존감이 낮은 아이였다. 그래서 자존감 높이는 방법에 관심이 많았다. 그런 와중에 알게 된 게 있다. 자존감이 높아도 부작용이 있을 수 있다는 것이다. 나쁘다는 건 아니지만, 자신의 기준을 상대방에게 강요하게 된다. 마찬가지로 책을 많이 읽어도 부작용이 있을 수 있다. 내가 지금까지 책을 읽으면서 느껴본 부작용은 3가지다. 물론 지극히 개인적인 이야기다.

특히 자기계발서를 많이 읽는 사람은 꼰대가 될 확률이 높아진다. 책에서는 일종의 성공을 이룬 사람들 이야기가 나온다. 대개 해당 분야에서 높은 위치인 사람들이다. 따라서 그러한 책을 읽다 보면, 모두가 그런 건 아니지만 그 말이 정답이라는 생각에 빠지게 된다.

실제로 내가 책에 푹 빠지기 시작했을 때, 자기계발서를 읽으며 희열감을 느꼈을 때, 친구와 대화하면서 "책에서 이렇게 말하던데, 이게 맞아"라고 습관적으로 말했던 기억이 난다. 그리고 훈계하듯 내 생각을 강요했다. 그러던 어느 날 한 친구가 내게 말했다. "한 분야를 오래 연구한 학자일수록 편협해지는 경우가 있대."

그 얘기를 듣고 한동안 생각에 잠겼다. 내가 일방적인 대화를 하고 있었다는 걸 깨달았다. 그런 내 모습이 좋아 보이지 않았다. 불편한 감정을 느낀 이후로 "누가 그렇다던데" 같은 확언을 하지 않으려 노력하고 있다. 단지 '이런 글을 읽은 적이 있다' '나는 이런 경험을 해본 적이 있다'는 식으로 대화를 이어갔다. 강요보다는 이런 선택도 할 수 있다는 제안을 할 뿐이다.

책이라는 것은 한 사람의 이야기다. 비판적 사고를 하지 않는 사람은 책을 맹목적으로 믿는 경우가 종종 있다. 그 사람의 말이 진리인 줄 안다. 하지만 경험자의 말도 하나의 의견이기 때문에 정답이라고 여길 것까지는 아니라는 것이 나의 견해다. 지금 당신이 읽고 있는 이 책도 마찬가지다.

물론 계속해서 의심만 하라는 건 아니다. 그러면 아마 머리가 터져버릴지도 모른다. 그저 이러한 사고방식을 한쪽에 가지고 있기만 해도 충분하다. 책에 있는 내용이 자신에게 도움을 주었거나 영감을 준 개념이 있으면 이용하면 된다. 단지 내가 하고 싶은 말은 다른 사람에게 강요할 필요는 없다는 것이다.

두 번째,
다른 사람을 하찮게 보게 된다

나는 한때 책을 읽지 않는 사람을 무시한 적이 있다. 책을 읽고 있는 나의 생각이 옳다 여기고 '(책을 읽지 않는) 너와 나는 다르다'는 이상한 잣대가 생긴 것이다. 한때 독서를 즐기면서 직장 월급보다 더 많은 부수입을 만들었을 때의 일이다. 그때를 생각하면 나 자신이 너무 창피하지만, 노동과 대가를 1:1로 교환하는 사람들을 무시한 적이 있었다. '책을 안 읽어서 그런 거야'라는 생각과 함께 말이다.

지금 이 글을 쓰면서도 그런 생각을 한 나 자신이 참으로 부끄럽게 여겨진다. 각자 처한 상황과 놓인 문제가 다르고, 각자의 위치에서 최선을 다하며 살아가고 있을 뿐인데, 나 따위가 뭐라고 그런 평가를 한 것일까. 이 글을 읽는 당신은 내가 느낀 감정을 느끼지 않았으면 한다. 그리 좋은 감정은 아니었기에.

세 번째,
책에 있는 말이 진리라고 생각한다

첫 번째, 두 번째 부작용과 비슷한 맥락이지만, 나는 어떤 문제가 생길 때마다 관련된 책을 찾아 읽으며 해결하는 편이다. 그러다 보니 비슷한 문제를 경험했던 사람의 통찰을 맞닥뜨리면 "와, 미쳤다. 이건 진리다"라고 소리친 적이 많다. 그때 희열감을 느끼는 것이다. 그래서 가끔 산책을 하는 친구와 만

나면 "내가 이런 책을 읽다가 깨달은 게 있어"라고 말하며 호들갑을 떨었었다.

그러던 어느 날 친구가 내게 말했다. "깨달았다고 말하는 것보다 접근했다고 말하는 게 좋을 것 같아." 듣자마자 웬 찬물을 끼얹는 소리인가 싶었다. 그날 집에서 혼자 생각해보니, 친구의 말이 맞는 것 같기도 했다. "깨달았다. 진리를 찾았다"라고 말하는 순간 고정관념에 갇히게 되는 것이다.

실제로 마케팅 전략을 기획하거나 홍보 글을 쓸 때 '거기서 이렇게 하라고 했었지'라는 생각에 갇혀 그렇게만 쓰려고 했었다. 물론 배운 것을 활용해보는 것은 필수적이고 성장에 도움이 된다. 그런데 그런 과정이 지나고 난 후에도 거기에 갇혀 있으면 그 이상의 발전은 없다.

사실 책을 계속해서 읽으면 이런 문제는 시간이 지남에 따라 자연스럽게 해결된다. 이전에 알고 있던 사실보다 더 나은 방법이 나타나기 때문이다.

나는 몸으로 직접 겪은 3가지 부작용 때문에 '이 세상에 정답은 없다'는 말을 가슴 깊이 새기며 살고 있다. 마찬가지로 이 책에서 말하는 경험과 개념도 정답은 아닐 수 있다. 그저 내 성

향과 맞았을 뿐, 그리고 글을 쓰고 있는 시점에서의 내 수준에
맞았을 뿐이다.

분명히 세월이 흐르면 나는 새로운 경험을 할 것이고, 기존
의 것은 새로운 목적에 맞게 수정되어갈 것이다. 단지 현재의
가치관에 맞는 진리에 접근하고 있을 뿐이다.

PART 5

회사를 위한 삶이 아니라
나의 몸값을 올리는 삶

내가 책을 읽는 본질적인 이유는 4가지다. 나 자신과 대화를 하기 위해, 다양한 관점을 얻기 위해, 새로운 감각을 얻기 위해, 조금 더 나은 의사결정을 위해.

고민이나 문제가 생기면 관련된 분야의 책을 찾아 읽는다. 그러나 책을 읽어도 문제가 해결되지 않을 때가 있다. 그럴 때는 고민하는 것을 멈추고 전혀 다른 행동을 해본다. 우리의 뇌는 새로운 사고방식에 들어가 다른 접근법을 구상한다.

나에게 주어진 일을 하면서 좋아하는 일을 해보기로 했다. 내가 뭘 좋아하는지 생각하는 것을 멈추고, 하나씩 해보면서 나와 맞지 않는 것을 제거해가기로 했다.

186

무언가에 도전할 때 마주할 문제는 자신의 멘탈밖에 없다. 이러한 멘탈은 주위 사람들로 인해 흔들린다. 근거를 최대한 모아 스스로 판단하고 결정하는 것이 멘탈을 유지할 수 있는 유일한 해결 방법이다.

직장을 나와 혼자 일하면서 삶이 망가졌다. 소속감을 잃게 되는 공허함과 거기에서 오는 나태함은 생각보다 두려운 존재다. 공허함과 나태함을 없애기 위해 '오전 루틴'을 만들었다. 오전을 성공적으로 마무리하면 오후도 성공적으로 마무리하게 된다. 혼자서 일하는 사람들은 우선적으로 루틴을 만들 줄 알아야 한다.

내가 책을 읽는
이유 4가지

나에게 책이란? 나를 알아가는 것, 선택의 폭을 넓혀주는 것, 내겐 없는 특별한 감각을 얻는 것, 성과가 없어도 좌절하지 않는 지속력을 주는 것, 더 나은 선택을 할 수 있도록 도와주는 것이었다.

첫 번째,
나 자신과의 대화

이 책을 집필하면서 '내가 책을 읽는 진짜 이유는 무엇일까' 한동안 생각해봤다. 지금까지 말한 이유들과 겹칠 수 있지만, 조금은 다른 영역을 이야기해보려 한다.

욕망은 누구의 마음속에나 존재한다. 내 안에도 있고 당신

안에도 있다. 하지만 굳이 세세하게 드러낼 필요는 없다. 그저 자신의 욕망에 조금 더 솔직한 마음으로 마주하고 혼자서만 살펴봐도 충분하기 때문이다. 그런데 자신에게 솔직해지려면 어떻게 해야 할까? 나는 솔직해지려고 책을 읽는다. 책을 읽다 보면 나를 생각하는 시간이 저절로 만들어지기 때문이다.

나는 다른 사람의 삶을 분석하고 평가하며 살아왔다. 저 사람은 어떻고, 얼마를 벌고, 이 사람은 어떻고 하면서 말이다. 그런데 정작 나를 잘 몰랐다. 그건 어찌 보면 당연한 일이었다. 나 자신과 대화하는 시간이 하루 중 1분도 없었기 때문이다. 당신은 자신과 얼마나 자주 대화하는가?

내가 말하는 대화는, 단순히 과거를 후회하고 미래를 불안해하는 시간을 말하는 것이 아니다. 나는 무엇을 좋아하고 무엇을 싫어하는지, 어떤 것에 관심이 있고 어떤 강점을 지녔는지를 알아가는 시간을 말한다. 물론 먹고살기 바빠서 그런 걸 신경 쓸 틈이 없다 싶을 수 있다. 그러나 더 의미 있고 주체적으로 살고 싶었던 나는, 내가 어떤 사람인지를 먼저 파악하고 싶었다. 그래서 책을 읽은 것이다.

다양한 사람의 생각을 경험하다 보면 '이렇게도 생각할 수 있구나' '나는 그렇게 생각하지 않아' '맞아, 나도 저런 점이 좋았어' '나도 저걸 해볼까' 같은 많은 생각이 오간다. 방의 창문을 열어둔 것처럼 생각을 환기시키는 것이다.

사람은 자기만의 고유한 색깔을 가지고 있다. 누구는 좀 더 파랗거나 누구는 좀 더 빨갛거나. 자신의 색을 파악해가는 삶이 중요하다. 그래야 남과 비교하지 않고 살아갈 수 있기 때문이다. 참고로 나는 지독하게도 남과 나를 비교했었다. 그런 이유로 인스타그램 앱을 삭제하기도 했다. 나를 잘 알기 때문에 눈에서 멀리한 것이다. 나는 책을 읽으며 내가 어떤 색깔을 가졌는지 알아갔고, 점차 '그 사람은 그 사람'이라는 생각을 하게 되었다. 그리고 나는 그렇게 알게 된 나만의 색을 좀 더 진하게 덧칠하는 삶을 살고 있다.

두 번째,
다양한 관점

내게는 책 읽는 걸 좋아하는 친구가 있다. 그 친구와 대화하다 보면, 누군가를 평가하거나 근거를 대가며 결론을 내리기보다는 '이런 사람도 있구나' '세상에는 이런 일도 있구나' 정도로 마무리된다. 책을 읽는다는 것은 다양성을 존중하게 된다는 것과 같은 말로 보인다.

우리 뇌에 수납장이 몇백 개 있다고 상상해보자. 그 안에는 우리가 경험한 모든 것이 담겨 있다. 어떤 수납장에는 '선입견'이라는 이름표가 붙어 있을 것이다. 이 안에 들어 있는 것은 우리가 빠르게 선택하도록 도와주지만, 잘못된 선택을 하게 만들기도 한다. 그것이 선입견이 주는 이득과 손해인 셈이다.

그런데 배움에 익숙한 사람은 사고방식이 유연한 편이다. 따라서 선입견이라는 선이 모호해진다. 물론 완벽한 사람은 없으므로 나도 어떠한 선입견을 가지고 있다. 다만 책을 읽고 난 후부터는 대체로 수정을 잘하는 편이다.

"누가 이렇다더라"라는 말을 들어도 한 번쯤은 '내가 눈으로 본 건 아니니까'라며 넘어가게 된다. 'A는 B다'로 정해져 있는 게 아니라 'A는 B일 수도 있고 C일 수도 있다'고 볼 수 있는 사고방식을 가지게 되는 것이다.

세 번째,
새로운 감각을 얻기 위해

최근에 지인을 통해 알게 된 해외 서적을 파는 서점에 들렀다. 쭈뼛거리면서 '음, 이런 게 있구나. 제발 말 걸지 말았으면…'이라고 생각하며 혼자 둘러보고 있었다. 그런데 처음 와 본 게 티가 났는지 사장님이 다가오셨다. 그렇게 반강제적으로 32년간 서점을 운영해오신 걸 알게 되었다.

우리가 흔히 보는 일반적인 책을 파는 서점은 아니다. 패션 잡지, 가구 인테리어 북, 건축 등 흥미로운 시리즈를 다룬다. 아무튼 그날따라 손님이 없었는지 꽤 오랜 시간 사장님과 이야기를 나눴다.

사장님이 말씀하셨다. "패션 종사자나 인테리어 종사자 모두 이런 책에서 영감을 얻더라고요. 매년 와요. 여기 보면 각 해외 트렌드에 따른 디자인이 있는데, 그 누가 여러 나라를 왔다 갔다 하면서 직접 볼 수 있겠어요. 책에서 감각을 얻는 거죠." 그리고 한 디자인 회사 사장님은 모든 디자인 관련 북을 한 번에 가져갔는데, 그 금액만 500만 원이 넘었다고 했다.

나는 인테리어에 관심이 많은 편이다. 그래서 유튜브에서 종종 다른 사람들의 감각을 찾아보곤 한다. 댓글을 보면 '센스 쩐다' '감각이 좋은 듯' '나는 절대 저렇게 못 해'라는 글을 흔하게 볼 수 있다.

나는 예술적인 감각이 없는 편이다. 토스(toss)라는 앱에서 중등학교 성적을 조회할 수 있어서 봤는데, 미술 점수는 모두 '양' 아니면 '가'였다. 요즘 점수로 보자면 7~9등급 정도 되려나.

그런 내가 훌륭한 디자이너들이 만들어둔 책을 보면서 '특별한 감각'이 조금씩 쌓였다. 어느 순간 센스가 조금은 있다는 말을 듣게 된 것이다. 최근에는 패션 잡지를 시리즈로 보면서 '이렇게도 입을 수 있구나'라는 감각을 만들고 있다. 몸값을 올리기 위한 독서도 마찬가지다.

물론 어떠한 일을 할 때 거기에 도움이 되는 재능이 분명하게 있는 사람도 있다. 하지만 몇몇 천재를 빼면, 대부분은 관심과 관찰 덕분에 센스를 만들었다고 해도 무방하다. 내가 그동안 봐온 완벽해 보이는 모든 사람은 남몰래 그러한 시간을 가졌다.

네 번째,
조금 더 나은 의사결정

사람은 태어나 성장하면서 자아를 형성하고 스스로 의사결정을 하게 된다. 이러한 의사결정이 모이고 모여 지금의 내가 만들어졌다. 누군가는 A를 선택하고, 누군가는 B를 선택한다. 따라서 나는 다른 사람을 탓하지 않으려고 노력한다. 외적인 요소도 분명 존재하겠지만, 선택과 결과의 책임은 오로지 나에게 있기 때문이다.

물론 이러한 신념 때문에 과거에는 자주 자책을 하곤 했다. 그러나 최근에는 자책해야 할 이유를 잊어버렸다. 어떤 일에 실패했을지라도 '가능성'을 보았다는 것만으로도 충분하기 때문이다. 나는 가능성에서 원동력을 얻으며 조금씩 수정해가는 것을 좋아한다.

나이가 드는 건 슬픈 일이지만, 자신만의 지혜가 쌓여간다는 장점도 있다. 당연히 의사결정에 있어 옳고 그름은 없다. 다만 조금 더 나은 선택을 할 수 있을 것이다. 내 모든 의사결정의 근거는 나의 경험에서 나온다. 그러나 내 시간과 에너지는 제한적이기에 경험에도 한계가 분명히 있다. 그래서 나는 책을 읽음으로써 경험이라는 근거를 남보다 배로 늘렸다. 성공 확률을 높여줄 의사결정을 할 수 있도록 말이다.

이렇게 내가 책을 읽는 이유들을 적어봤다. 나를 알아가는 것, 선택의 폭을 넓혀주는 것, 행동할 동기를 만들어주는 것, 내게 없는 특별한 감각을 얻는 것, 성과가 없어도 좌절하지 않는 지속력을 주는 것, 더 나은 선택을 할 수 있도록 도와주는 것….

그래서 나는 오늘도 책을 읽는다.

책을 읽어도
문제가 해결되지 않을 때

천재가 아닌 이상 놓치는 부분이 있게 마련이다. 이러한 일들을 뇌에 맡긴다면? 뇌는 우리 모르게 쌓여 있는 정보를 응용하여 문제를 해결하려 할 것이다. 나는 이 개념을 경험적으로 믿고 있다.

뇌에
바통 넘기기

최근에 있었던 일이다. 새로운 프로젝트를 준비하면서 강의, 유튜브, 책 집필을 동시에 했었다. 그런 와중에 수영과 테니스도 배웠기 때문에 정신이 없었다. 그러던 어느 날, 한 업체에서 광고 제안을 받았다. 지금까지 모든 광고를 거절해왔지만 주제가 마음에 들어 수락했다.

하지만 브랜디드 광고 경험이 없었기 때문에 생각보다 어려웠다. 아무리 머리를 굴려도 어떻게 영상을 만들어야 할지, 어떤 문구로 시작해야 할지 감조차 오지 않았다. 나는 모든 걸 멈추고 산책을 하러 나갔다. 그렇게 1시간가량 걷고 돌아왔더니 머리가 맑아졌다. 이 방법은 영화 제작자이자 작가이기도 한 미란다 줄라이의 하루 습관을 보고 따라 해본 것이다.

실제로 산책을 하고 온 그날 광고 영상이 만들어졌다. 이후 관리자 측에서 TOP 3에 들었다는 메시지를 보내왔고, 1차 때보다 두 배나 되는 계약 조건으로 2차 광고를 만들기로 했다. 아마 당신도 이런 경험을 한 번쯤 해봤을 것이다. 친구들과 놀다가, 산책하다가, 설거지하다가, 자고 일어났는데 문제를 해결할 방법이 갑자기 떠오르는 경험.

이러한 효과를 심리학에서는 '브루잉 효과(Brewing effect)'라고 한다. 네이버 영어 사전에 있는 뜻을 그대로 가져오면 다음과 같다.

복잡한 문제에 관해 깊게 생각하다가 멈출 때 비로소 좋은 방안이 떠오르는 것.

심리학자들은 복잡한 문제를 해결하고자 할 때 전혀 다른 일을 한다고 해서 생각하는 과정을 멈추는 게 아니라고 했다. 생각하는 과정을 잠재의식 영역으로 던져둔다는 것이다. 꽤 어려운 말인데, 개인적인 경험으로 해석해보겠다.

광고 영상을 제작해야 한다는 문제가 내 앞에 놓였다. 콘텐츠 아이디어를 내려고 책상에 앉아 노트북을 한동안 노려봤다. 하지만 특별한 영감이 떠오르지 않았고, 밖으로 나가 1시간 동안 음악을 들으면서 사람들을 관찰하고 주변 풍경을 구경했다.

나는 잠시 광고 영상 기획하는 일을 멈췄지만, 그 시간 동안 문제를 해결하는 과정을 나의 뇌에게 넘긴 것이다. 즉 내가 해결해야 할 문제의 바통을 뇌에 넘기고 나는 다른 일을 한 것이다. 1시간 동안 내가 느끼지 못했어도 나의 뇌는 무의식적으로 문제를 해결하고 있었다는 말이다.

어떻게 이런 일이 일어날 수 있는 걸까? 우리의 뇌에 수많은 서랍이 있다고 해보자. 그리고 거기에는 수많은 정보가 담겨 있다. 당신이 보고, 느끼고, 경험한 것들 말이다. 그동안 책을 읽으면서 쌓아둔 정보 또한 담겨 있다. 그래서 우리는 문제가 생길 때마다 '자, 어디에 있을까?' 하며, 뇌 서랍에서 몇몇 정보를 꺼내 근거로 활용하여 문제를 해결한다.

하지만 천재가 아닌 이상, 놓치는 부분이 생기게 마련이다. 그런데 이러한 일들을 뇌에 맡긴다면? 뇌는 우리 모르게 쌓여 있는 정보를 응용하여 문제를 해결하려 할 것이다. 그리고 나는 이 개념을 경험적으로 믿고 있다.

자고 일어났더니
해답이 떠올랐다

우리 앞에 놓인 문제를 계속해서 보고 있으면 한 가지 사고방식에 갇히게 된다. '범인은 A'라고 추정해놓고 사건을 조사하는 것처럼 말이다. 그런데 중간에 전혀 다른 행동을 하고 오면, 우리의 뇌는 새로운 사고방식에 들어가 다른 접근법을 구상하게 된다.

그래서 나는 책을 읽고 나서도 문제가 해결되지 않으면 의도적으로 산책을 하거나 따뜻한 물로 샤워를 한다. 아니면 그냥 노트북을 닫아버리고 한숨 푹 잔다. 자는 동안 나는 생각을 멈췄지만, 나의 뇌는 계속해서 문제를 해결한다는 믿음이 있기 때문이다. 물론 그렇게 해도 문제가 해결되지 않을 때도 있다. 그러나 실제로 아침에 눈을 뜨자마자 문제를 해결할 방법이 떠오른 적도 있다.

한번은 '홈페이지 이름을 무엇으로 해야 방문자가 관심을 가질까'라는 고민을 계속해봐도 특별한 아이디어가 떠오르지 않았다. 그래서 나는 문제를 해결하려고 여러 책을 읽어갔다. 그러다 한 가지 개념을 보게 되었다. '뭔가 있어 보이는 것보다 방문자가 메시지를 바로 떠올릴 수 있게 해야 한다.' 그러한 근거를 뇌 서랍에 넣고 잠들었다.

다음 날 새벽 4~5시쯤 눈을 떴을 때 '직장 탈출을 준비하는 직장탈출학교로 해야겠다'는 생각이 번득 떠올랐다. 물론 모든 사람이 마음에 들어 하지 않을 수 있지만, 나는 아직까지 만족하고 있다.

앞서 말한 개념과 사례를 보면, 다양한 경험을 하는 것도, 책을 읽는 것도 우리 인생에 있어 꽤 중요하다는 걸 알 수 있다. 어릴 때 했던 여행 경험이나 지금까지 읽은 책의 내용이 기억나지 않는다고 해도 말이다. 이러한 재료가 뇌 서랍에 쌓여 있고, 그런 것들을 우리가 잊은 것 같아도 뇌가 꺼내서 잘 이용하고 있기 때문이다.

만일 당신에게 고민거리가 있다면, 책을 읽어도 해결이 되지 않는다면 가볍게 걸으며 주변을 구경해보는 것도 좋은 방법이다. 인간의 뇌는 생각보다 신비하고 경이롭다. 우리가 할 일은 뇌가 충분히 이용할 수 있는 재료를 계속해서 제공하는 것이다. 그다음 일은 뇌에 맡겨보자.

좋아하는 일을 해야 하나, 잘하는 일을 해야 하나?

나는 불평등함을 인정하고, 그 안에서 누구나 얻을 수 있는 능력을 얻고자 시간을 들였다. 돈, 재능, 환경 같은 것들을 언급한다고 하여 내게 이득이 되는 것은 하나도 없었기 때문이다.

좋아하는 일을 찾기 위한
간단한 전략

스물일곱에서 스물여덟 살 시절에 나의 최대 고민은 '좋아하는 일을 해야 하나, 잘하는 일을 해야 하나'였다. 누가 보면 하찮은 고민이라고 말할 수도 있지만, 나에게는 그 어떤 것보다 중요했다. 사실 그때까지만 해도 '좋아하는 일을 하면서 살 수 있는 건 말도 안 되는 꿈이야'라고 생각했었다. 그런 것은 돈이 많은 사람만 가능하다고 여긴 것이다.

그러던 어느 날, 책을 읽다가 다음과 같이 생각하게 되었다. '내가 잘하는 일을 하면서 좋아하는 일을 하면 되지 않을까' 하고 말이다. 당연히 쉬운 일은 아니다. 하지만 '잘하는 일, 주어진 일을 하면서 좋아하는 일을 하면 된다'는 단순함은 나를 가볍게 만들었다. 앞으로 남은 인생의 목적을 여기에 걸어도 되겠다 싶을 정도로 말이다. 리스크를 최소화할 수 있는 최고의 전략이기 때문이다.

그런데 여기서 잘하는 일이란 무엇일까? 남들보다 월등하게 잘하는 일이 아니라 지금까지 내가 해온 일을 말한다. 잘하는 일을 하면서 좋아하는 일을 하겠다는 것까지는 좋았는데, 생각지 못한 문제가 기다리고 있었다. 내가 뭘 좋아하는지를 도저히 모르겠다는 것이었다. 그래서 강점 찾기와 관련된 책을 읽기 시작했다. 그런데 책을 읽으면 읽을수록 멀미가 났다.

그때 '그냥 관심 가는 걸 작게나마 해보자'는 간단한 전략을 세웠다. 나의 강점을 찾아주는 테스트를 한답시고 시간을 낭비하는 것이 아니라 무엇이든 직접 해보고 피부로 느끼는 것이

베스트라고 여긴 것이다. 어떤 화장품이 내 피부에 맞는지 고민하는 게 아니라 직접 발라보는 것처럼 말이다.

그때부터 내게 무엇이 적합한지 더는 찾지 않았다. 그 대신에 수많은 것을 하나씩 해보면서 맞지 않는 것은 제거해가기로 생각을 바꿨다.

우선 한 가지를 선택했다. '월급 소득을 줄이더라도 내 시간을 확보할 수 있는 직장으로 옮기기'였다. 하나를 얻고 하나를 잃는 셈이다.

그리고 원장님한테는 미안한 일이지만 직장에서 나의 에너지를 100% 다 쓰지 않았다. 야근도 피할 수 있으면 최대한 피했다. 그때까지도 학자금 대출금을 모두 상환하지 못했지만 보이지 않는 가치에 투자하기로 한 것이다.

그렇게 나는 좋아하는 일을 찾기 위한 시간과 에너지를 확보했다. 물론 자신이 하는 업무가 적성에 맞는다면, 회사에 모든 걸 쏟아부어야 한다고 생각한다. 실제로 나도 물리치료사로서 성공하려고 최선을 다했었다. 퇴근하면 녹초가 되어 아무것도 하지 못하고 잠만 잘 정도로 말이다.

단지 일에 적응이 되어갈 때쯤 목적이 달라졌다. 그렇게 나만의 일을 찾기 위한 시간과 에너지를 남겨둬야 한다고 생각했다. 그것이 내가 가장 먼저 해야 할 일이었다.

또 나는 시간과 에너지를 확보하려고 도보 5~10분 거리에서 살았다. 물론 월세가 아깝지만, 그 돈을 아낀다고 해서 내 인생이 크게 달라지지는 않는다. 출퇴근에 들어가는 3시간과 에너지를 아껴 자기계발에 투자하는 것이 더 가치가 크다고 판단한 것이다.

숨어 있는 재능을
발견하는 과정

나는 물리치료사로 일하면서 해외직구대행을 해봤다. 중국에서 고양이 숨숨집을 사서 스마트 스토어를 운영해봤고, 부동산 경매 투자도 해봤다. 도수치료 보조 실무 강사도 해봤고, 경매 입문자를 위한 강의도 해봤다. 블로그와 유튜브도 운영해봤다. 마케팅과 글쓰기를 공부하고 책을 써봤다.

그렇게 나는 퇴근 이후의 시간과 주말을 포기하며 20대 후반을 보냈다. 그 당시를 떠올리면 어지간히도 열심히 살았다는 기억밖에 없다. 다만 그렇게 바쁜 와중에도 틈만 나면 책을 읽었다. 아무리 바쁘고 먹고사는 게 힘들어도 책은 읽었다. 그런 시간을 보냈고, 나는 운 좋게도 서른이라는 나이에 내가 좋아하는 걸 찾았다.

'나는 내가 경험한 것을 이해하기 쉽게 설명하는 걸 좋아하는구나. 거기에서 뿌듯함을 느끼는구나'를 알게 된 것이다. 그리고 좋아하는 일에서 오는 궁금증과 문제를 해결하고자 책을 읽고 강의를 들었다.

그렇게 해서 좋아하던 일은 잘하는 일이 되어갔고, 직장을 그만두고도 먹고살 수 있는 정도까지 도달했다. 혼자 밥 먹고 일하는 걸 좋아하고, 회식 자리를 좋아하지 않는 나에게 가장 적합한 평생 업을 찾은 것이다.

지금까지 말한 것을 요약해보면, 나는 좋아하는 일을 할 수 있는 시간과 에너지를 우선 확보했다. 관심 가는 게 생기면 쉽게 읽히는 책을 찾아 읽었다. 배경지식을 쌓아 관심과 흥미를 만든 다음 한 번만 해본다. 그러면 내가 이걸 좋아하는지 싫어하는지 1차 판별할 수 있다.

그다음 궁금증과 문제를 해결하려고 추가적으로 공부하다

보면, 좋아하는 일이 잘하는 일로 변하기도 한다. 그렇게 나 자신도 모르고 있던 잠재력이 드러난다. 재능이라는 잠재력은 해보지 않고는 알 수 없는 것이다. 심지어 관심도 없었던 일이 좋아하는 일로 변하는 경우도 있다.

개인적인 생각이지만, 좋아하는 일을 좇지 않는 인생은 재미가 없을 듯하다. 나이, 성별, 국적을 막론하고 좋아하는 일이 있는 사람은 행복할 것이다. 나는 꿈을 찾고 싶어서 계속해서 뭔가를 배우고자 했다. 그래야 머릿속에 재료가 쌓여 꿈이 생길 것 같았다.

물론 좋아하는 일을 한 번에 찾을 확률은 매우 낮다. 그래서 하나씩 찾아보았다. 10년이 걸리든, 20년이 걸리든, 그것이 내가 죽을 때까지 해야 할 인생의 목적이라 여겼기 때문이다.

한 가지 짚고 넘어갈 것이 있다. 나는 실패했을 때 다시 일어설 수 없는 일은 하지 않았다. 대체로 돈 없이도 할 수 있거나, 실패해도 다시 시작할 수 있는 정도로만 해왔다. 따라서 "집에 돈이 있으니까 하고 싶은 걸 하는 거지"라는 말은 하지 않았다.

물론 정말 아무것도 시도할 수 없는 상황에 놓인 사람도 있

을 것이다. 다만 나는 불평등함을 인정하고, 그 안에서 누구
나 얻을 수 있는 능력을 얻고자 시간을 들였다. 돈, 재능, 환경
같은 것들을 말한들 내게 이득이 되는 것은 하나도 없기 때문
이다.

남들처럼 살지 않을 때 마주하는 문제와 해결방법

나는 무언가에 도전할 때마다 이런 생각을 하곤 한다. '부정적인 이야기를 듣고 시작도 하지 않는 사람이 많기 때문에 돈 벌 기회가 많다'고 말이다. 그리고 책을 읽음으로써 배경지식을 쌓아간다.

무경험자를 경계하다

나는 에너지가 그리 많지 않다. 사람을 만나거나 모임에 다녀오면 한동안 녹초가 될 정도다. 실제로 과거에 3시간짜리 강의를 하고 나면 이틀 정도 몸살을 앓곤 했다. 그래서 그런지 평소 저전력 모드로 살아간다. 그러한 체질을 가진 내가 물리치료사로 일하면서 여러 일을 동시에 했다고 하면, 지인들은 모두 믿지 않는다.

내가 생각해도 너무 말이 안 되는 것 같아서 '나를 내가 잘 모르고 있나?' 하는 생각이 들었다. 그러던 어느 날, 내 생각을 글로 정리하면서 알게 되었다. 뚜렷한 동기와 목표가 있었기 때문에 가능했다고 말이다. 체력적으로 힘들어도 새로운 걸 배워가는 과정은 매우 즐거웠던 것이다.

그런데 이렇게 일반적이지 않은 삶을 살다 보면 마주하게 되는 문제가 있다. "쉽지 않다" "하던 일이나 열심히 해라" "너 나이가 몇 살인데 그러냐" "그거 해서 얼마 번다고 그러냐" "뭘 그렇게 열심히 사냐" 등 다른 사람들의 조언이다. 물론 진심으로 걱정해서 말해주는 사람도 있다. 그런데 내 삶에 무관심한 사람이 대부분이다.

다음은 내가 좋아하는 크랩 바구니 이야기다.

가게 주인이 빨간 바구니에 게를 넣어뒀다. 게 한 마리가 도망가기 위해 발버둥을 치며 나오려고 한다. 그런데 밑에 있는 다른 게들이 못 나가게 끌어내리고 있다.

무언가에 도전하고 변화를 주려고 할 때, 미안하지만 가장 방해되는 것은 주변 사람들이다. 그들 중 대부분은 부정적인 말을 하기 때문이다. 나를 포함한 대부분의 사람은 그런 주변인의 말에 쉽게 휩쓸린다. 그리고 그러한 사람이 내가 신뢰하고 있는 친구이거나 가족일 경우에는 더 그러하다. 확고한 신념을 지닌 사람이 아니고서야 쉽게 흔들릴 수밖에 없다.

그런데 내 경험상, 어차피 잘 안 될 것이라고 말하는 사람 중에 실제로 그 일을 경험해본 사람은 없었다는 사실이다. 물론 "내가 해봤는데 어떻다더라"라고 말해주는 사람도 종종 있다. 근데 그런 사람들과 진득하게 대화해보면, 문제를 해결하려고 끝까지 노력해보지 않았다는 걸 금세 알 수 있었다.

따라서 우리는 당연히 부정적인 말을 더 많이 들을 수밖에 없다. 문제를 해결한 사람의 숫자가 훨씬 적기 때문이다. 한번 생각해보자. 문제를 해결한 사람이 많다면 세상 사람들 대부분이 부자일 것이다. 이건 조금만 생각해봐도 알 수 있는 사실이다. 이해를 돕기 위해 한 가지 경험을 이야기해보겠다.

내가 세 번째 빌라를 경매로 낙찰받았을 때 일이다. 이전 소유자와 이사 협상을 하려고 연락했는데 "이 집 지하수 쓰는 건 알고 낙찰받으신 거예요?"라고 말했다. 나는 그 순간 망치로 머리를 맞은 듯했다. 요즘 같은 시대에, 그것도 서울에서 계량기 없이 지하수를 쓰는 집이 있을 것이라고는 상상조차 하지 못했기 때문이다.

그런데 이게 왜 문제일까? 우선 물을 어떻게 사용하는지 원리를 이해해야 한다. 모터로 지하수를 끌어다 옥상으로 올려서 세대별로 물을 뿌려주는 방식이다. 따라서 수압이 좋지도 않고, 다른 집에서 물을 많이 쓰게 되면 한동안 물이 졸졸 흐르게 된다. 역시나 세입자를 맞추고 나서 문제가 생겼다. 세탁기를 돌리려고 하는데 물이 잘 안 나온다고 말이다.

더 큰 문제는 겨울이었다. 물을 끌어 올리는 모터와 수도관이 외부에 노출되어 있어 날이 추우면 쉽게 얼어붙었다. 기술자를 불러 녹여도 며칠 지나면 곧 다시 얼었다. 심지어 옥상에서 아래로 물을 뿌려주는 펌프에도 문제가 생겼다. 다른 세대와 돈을 나눠 몇십만 원씩 주고 해결해도 같은 문제가 계속 반복되었다.

다른 세대 집주인들과 통화를 하면 "이래서 오래된 빌라는 안 된다니까"라는 말을 반복할 뿐이었다. 그렇다면 나는 어떻게 했을까? 일단 다음에는 실수하지 않도록 계량기가 있는지, 노출된 수도관이 있는지 확인해야 한다는 정보를 기록해뒀다. 그리고 데일 카네기의 『자기관리론』을 읽으며 "또 얼마나 성장시키려고 이런 고난을 주시나. 기대되네"라는 말을 해봤다.

그날 밤, 그동안의 상황을 글로 써보며 '다시 한번 더 근본적인 해결 방법을 찾아보자'고 결론을 내렸다. 다음 날 수도 관련 전문가 3명에게 상황을 전달하고 의견을 말해달라고 부탁했다. 종합한 결과, 상수도를 설치하면 되겠다는 것과 노후 수도관 교체는 지원금이 있다는 힌트를 얻었다. 어디에 문의해야 하는지 인터넷으로 찾아보고, 관할 수도사업소 급수운영과에 문의를 남겼다.

빛이 보이기 시작했다. 그렇게 정보를 모아 다른 세대에 제안했고 상수도 설치를 진행했다. 그로부터 1년 반이 지났다. 지금까지 문제가 생겼다는 연락 한 번 없이 월세를 잘 받고 있다. 그렇게 나는 문제를 해결하며 성장했다.

같은 동에 있는 다른 세대 집주인들은 매년 똑같은 문제를 겪고 있었다. 겨울마다 세입자에게 전화를 받았고, 그때마다 기술자를 불렀다. 그래서 내가 그 집을 낙찰받고 갔을 때 "젊은 친구가 잘못 샀네"라는 말을 들은 걸지도 모른다.

어쩌면 그들은 구축 빌라는 절대 사면 안 된다는 확신이 생겼을 수도 있다. 그러다 지인이 빌라를 경매로 산다고 하면 "그건 절대 사면 안 돼"라고 말할 것이다.

단편적인 사례라 오해의 소지가 있을 수 있지만, 내가 전하고 싶은 핵심은 다음과 같다. 할 수 있는 데까지 해보고 조언을 해주는 사람과, 아주 약간 맛만 본 사람의 조언은 차이가 있다는 것이다. 문제를 해결해본 사람은 장점과 단점을 말해주며 상대방이 선택하도록 도와줄 수 있지만, 경험이 없거나 발만 담가본 사람은 단점만 말해줄 확률이 높다.

내 선택에 책임지게 해주는
하나의 룰

무언가를 한다고 하면 부정적인 이야기만 듣게 되니 나만의 규칙이 생겼다고 해야 할까? 다른 사람의 말에 쉽게 반응하는 편인 나는, 언제부턴가 주변에 말을 안 하기 시작했다. 그 일을 하는 사람에게만 생각을 드러내거나, 경험이 없어도 자신의 생각을 솔직하게 말해주는 사람에게는 말을 꺼낸다. 이러한 사람은 무턱대고 부정적인 말만 하지 않기 때문이다.

반대로 주변 사람들에게는 말보다 결과를 보여주려고 이를 악문다. 사실 결과를 보여줘도 문제가 없는 건 아니다. 몇몇 사람은 "운이 좋았네" "지금은 어떻던데 망했네"라고 부정적인 말을 쏘아댄다. 결과가 좋지 않을 때는 더 요란하다. "역시 내 말이 맞았지?" "그럴 줄 알았어" "그러니까 남들처럼 회사나 다니라니까. 좋은 직장 놔두고 시간 아깝게" 등등.

이쯤에서 내가 "네 말 들을 걸 그랬어" "왜 그때 나를 더 말리지 않았어"라고 말하면 더 큰 문제가 생긴다. 주변 사람의 말에 흔들리지 않으려면 결과를 인정할 줄도 알아야 한다. 나는 그래서 사무실 벽에 다음과 같은 '하나의 룰'을 적어두고 의사결정이 필요할 때마다 읽어본다. 그러면 주변 말에 흔들리지 않고 내 선택에 책임을 질 수 있기 때문이다.

하나의 룰
1. 최악의 경우를 생각한다.
2. 감당할 수 있는지 생각한다.
3. 내가 지금 할 수 있는 걸 한다.

당신이 무언가에 도전할 때 마주할 문제는 자신의 멘탈밖에 없다. 그리고 이러한 멘탈을 흔드는 건 주위 사람들이었다는 게 나의 경험이다. 당신이 주변 사람의 말을 별로 의식하지 않는다고 해도, 인간은 어쩔 수 없이 환경의 영향을 가장 많이 받는다. 만약 당신이 무언가에 도전하고 변화를 추구하고 있다면, 주변 사람이나 환경이 알게 모르게 응원해주고 있을지도 모른다.

현재의 나는 가족에게도 말을 잘 하지 않는다. 내가 직접 알아보며 공부하고 난 다음 판단한다. 어차피 내가 선택하는 것이고, 내가 책임질 것이고, 내 인생이니까. 물론 가정이 있는 사람이거나 지켜야 할 자녀가 있다면, 거기서 오는 삶의 무게가 다를 것이다. 솔직히 말해서 나는 아직 혼자이기에 가능할 수도 있다.

감히 어쭙잖은 말로 알은체하기는 싫다. 그러나 가정이 있고 자녀가 있는 분들의 변화를 눈으로 봤기 때문에 가능성은 있다고 말하고 싶다.

나는 무언가에 도전할 때마다 다음과 같은 생각을 하곤 한다. '부정적인 이야기를 듣고 시작도 하지 않는 사람이 많기 때문에 돈 벌 기회가 많다'고 말이다. 그리고 책을 읽음으로써 배경지식을 쌓아간다. 그렇게 스스로 판단할 수 있는 근거를 채워가는 것이다.

소설과 에세이가
돈을 벌어다주는 이유

직장을 나와 혼자 일할 때 '루틴이라는 걸 진작에 알았으면 그렇게 아프지 않았을 텐데'라는 후회를 했었다. 소속감을 잃는 공허함과 거기서 오는 나태함은 생각보다 강력하고 두려운 존재다.

우연히 알게 된
오전 루틴의 효과

한창 직장 탈출을 준비하던 시절에는 "생산성을 올릴 수 있는 책 외에는 쓸모없어"라고 당당히 말했었다. 그런 내가 소설과 에세이를 읽기 시작한 지 4개월이 지났다. 지금부터 할 이야기는 소설과 에세이가 내게 준 이득에 관한 것이다.

감사하게도 나는 혼자 일하게 되면서 집에 있는 시간이 많아졌다. 평소 사람을 만나거나 나가는 걸 좋아하지 않는 편이다. 그런데 그토록 바라고 바라던 자유가 오히려 나를 옥죄어 왔다. 전혀 예상하지 못한 불청객이 들이닥친 것이다. 이때 '행복을 주는 것에는 불행도 있구나'라는 사실을 알게 되었다.

나는 지금까지 어떠한 집단에 속해 있었다. 가족, 학교, 군대, 직장 등 말이다. 그런데 집단에서 벗어나 반복적으로 일하던 시스템이 사라지니 내 몸이 적응을 못 한 것이다. 하루 리듬이 깨지고 끝도 없이 게을러졌다. 육체적인 힘도 떨어지고 정신적으로도 피폐해지면서 우울증 약도 먹었었다. 심지어 소화력이 떨어져 음식을 제대로 먹지 못하는 상태까지 갔다.

그때쯤 1~2시간씩 같이 산책하던 친구가 읽어보라면서 내게 책 한 권을 건넸다. 무라카미 하루키가 쓴 『이렇게 작지만 확실한 행복』이라는 에세이였다. 자기계발서만 읽던 나는 잠이 오지 않는 새벽 2시쯤 그 책을 읽었다. 하루키라는 사람은 소설가였고, 자신이 좋아하는 마라톤, 고양이, 음식 등에 관한 이야기가 담겨 있었다.

나는 평소 TV 프로그램 〈인간극장〉을 즐겨 보는데, 마치 책으로 보는 〈인간극장〉 같았다. 그 덕분에 나는 소설가 하루키가 어떻게 일하는지 알게 되었다. 그는 특별한 일이 없는 이상 자신만의 오전 루틴을 병적으로 유지했다. 그리고 그러한 루틴을 끝내고 난 오후에는 아무거나 해도 상관없다는 식이다.

그러한 의미를 풍기는 문장을 읽은 후에 나도 '나만의 오전 루틴을 만들어야겠다'는 힌트를 얻었다. 당연히 사람마다 성향이 다르기 때문에 하루키의 루틴은 나와는 맞지 않았다. 그때부터 다른 사람들은 어떻게 하루를 보내는지를 조사하기 시작했다.

메이슨 커리가 쓴 『리추얼』과 『예술하는 습관』이라는 책을 그때 알게 되었다. 거기에는 소설가, 안무가, 화가, 영화감독 등 300명에 가까운 예술가의 하루 습관이 담겨 있다. 이미 세상에 없거나 평생 만나보지도 못할 이들의 삶을 간접적으로 체험한 것이다. 이 외에도 국내에서 성공한 사람들의 루틴까지도 찾아보았다.

그러면서 나는 한 가지 사실을 알게 되었다. 모두가 그랬던 건 아니지만, 대부분의 성공한 사람들에게는 오전 루틴이 있었다. 그들은 오전을 성공적으로 마무리하면 오후도 그렇게 된다고 공통적으로 말했다. 그렇게 나는 나에게 맞는 오전 루틴을 찾기 위해 여러 시행착오를 거쳤다. 쉽지는 않았지만 결국 나의 몸에 적합한 리듬을 찾았다.

나와 같은 고민을 하는 사람들에게 작은 힌트가 될까 싶어 나의 루틴을 적어보겠다. 나는 대체로 다음과 같이 오전을 보낸다.

만족스러운
하루 루틴

8시 30분에 일어나 정신을 깨워줄 음악을 튼다. 미리 손질해둔 사과와 당근을 착즙기에 넣고 달걀 2개를 찜기에 넣는다. 달걀이 삶아지는 12분 동안 주스를 마시며 에세이를 읽는다. 이후에 따뜻한 달걀을 먹으며 마저 읽는다. 9시쯤 밀린 메일을 처리하고, 직장탈출학교 교육생들이 작성한 미션을 읽어본다.

10시부터 액상 요구르트와 시리얼을 먹으며 30분간 영어 브이로그 영상을 본다. 그리고 배고플 때까지 글을 쓴다. 이후 보고 싶었던 영상(대체로 〈무한도전〉)과 함께 점심을 간단하게 먹고 수영이나 헬스를 한다. 여기까지만 해도 꽤 만족스러운 하루를 보냈다는 성취감으로 가득 찬다.

이러한 기분 좋은 상태는 다음 행동으로 자연스럽게 이어진다. 간식을 챙겨 사무실로 가서 3시간 정도 업무를 보거나, 낯선 카페로 가서 유튜브 콘텐츠를 기획한다. 되도록 너무 오래 일하지 않으려 하며, 아무리 몰입이 잘되더라도 저녁 식사 전에는 일을 멈춘다.

이렇게 조절해야 갑자기 아무것도 하기 싫어지는 번아웃이 오지 않는다는 것을 여러 실험 끝에 알게 되었다. 그렇게 일한 후에는 저녁을 먹는다. 이후 산책을 하거나 영화를 보고, 잠자기 전까지 소설책을 읽는다. 특별한 일이 없는 이상 이러한 하루가 반복된다.

우연히 접한 에세이 한 권으로 기분 좋은 하루가 완성된 것이다. 요즘 수영에 푹 빠져 있는데, 수영은 소설 덕분에 시작했다. 소설의 주인공이 매일 오전에 30~40분 정도 수영을 했다. 수영을 하면서 느끼는 감정과 기분이 상세하게 묘사되어 있었는데, '아, 나도 수영을 해봐야겠다'는 생각이 든 것이다.

수영을 직접 해보니 수영을 마치고 나면 오는 허기짐이 무척이나 마음에 들었다. 축구나 헬스를 했을 때 오는 피곤함과는 다른 느낌이다. 격한 운동을 하고 나서는 음식이 잘 안 들어가지만, 수영을 한 뒤에 간식을 먹으면 "이게 행복이지"라는 말이 절로 나온다. 아무튼 소설책에 나온 주인공 덕분에 수영을 알게 되었고, 체력도 좋아져서 자기관리에 도움이 되었다.

나는 자기계발서를 읽을 때 짜릿함을 느끼는 부류이지만, 최근에는 소설이나 에세이에서 새로운 영감을 얻고 있다. 나는 강의를 하고 유튜브로 생각을 전달하는 포지션에 있다. 따라서 전달력을 중요하게 여긴다. 왜냐하면 얼굴 없이 유튜브 영상을 올리고, 시각적인 재미가 하나도 없는 강의를 하고 있기 때문이다. 그래서 전달력을 키우려고 많은 공부와 훈련을 해왔다.

그런데 소설이나 에세이를 읽은 이후로 전달력이 더 좋아졌다는 것을 느낀다. 흡사 수영을 배우게 되면서 기존에 없던 새로운 근육이 붙은 것처럼 말이다.

어느 정도 자기계발서를 충분히 읽은 사람이거나 창작 영역에서 일하는 사람이라면, 소설과 에세이를 읽어보기를 추천한다. 매일 딱딱한 글만 보는 직장인에게도 부드러운 글은 정서적으로 꽤 도움이 될 것이다.

사실, 이 파트는 프리랜서로 살아갈 분들을 떠올리며 글을 썼다. 내가 직장을 나와 혼자 일할 때 '루틴이라는 걸 진작 알았으면 그렇게 아프지 않았을 텐데'라는 후회를 했기 때문이다. 소속감을 잃게 되는 공허함과 거기에서 오는 나태함은 생각보다 강력하고 두려운 존재다. 이 글을 읽고 미리 대비했으면 하는 마음이 크다.

하루 만에 이 책을 다 읽은 사람들을 위한 글

나는 내 앞에 몇 명이나 있는지, 내 뒤에 몇 명이나 따라오고 있는지를 보려 하지 않는다. 단지 방향이 맞는지 둘러보고, 숨이 차지 않을 만한 속도를 유지하려고 노력한다.

이 책에서 말하는
13가지 핵심

책을 읽다 보면 가끔 '내가 지금 뭘 읽은 거지? 분명히 내용은 좋았던 걸로 기억하는데 남는 게 없네'라는 생각이 들 때가 있다. 나와 같은 사람들을 위해 이 책에서 말하는 핵심만 다시 적어봤다.

1. 회사가 아니라 나의 몸값을 올리기 위해 독서를 해야 한다.

2. 자신이 관심을 두고 있는 주제를 정하고 쉬운 책부터 읽는다. 그렇게 해서 '책 읽는 습관'이 몸에 배게 한다.

3. '1권 1진리', 즉 한 가지 진리만 자신의 인생에 적용해봐도 충분하다. 그러면 책값 이상의 가치를 이미 얻은 셈이다.

4. 습관을 만들었다면 실행해야 한다. 실행이 성공하도록 최종 목표와 하찮은 목표를 동시에 세운다.

5. 일의 효율을 높일 수 있는 독서가 먼저다.

6. 경험해보지 않은 것에 두려움이 있다면 관련 책 3권을 읽어보자. 배경지식이 있어야 다음 단계로 나아갈 수 있다.

7. 우리는 매일 성장하고 있다. 자신만의 인생 책이 있다면, 줄 친 부분만 반복적으로 읽어보거나, 6개월마다 한 번씩

전체를 다시 읽으며 온전히 흡수한다.

8. '환경 설정' 능력은 책 읽는 습관 다음으로 중요하다(4번
   의 하찮은 목표 세우기 전략과 함께 쓰면 좋다).

9. 나는 사고방식을 유연하게 만들어 생각을 환기하고자 책
   을 읽는다.

10. 회사에 다니면서 직장 탈출 능력을 모아나갔다. 잘하는 일
    을 하면서 좋아하는 일을 찾는 것이 목표였기 때문이다.

11. 무경험자를 경계하고, 유경험자의 시작과 과정을 들여
    다볼 필요가 있다.

12. 소설과 에세이는 자기계발서에서는 얻을 수 없는 또 다
    른 감각을 만들어준다.

13. 다음 문구에서 나온다.

예상치 못한,
실행을 방해하는 2가지 적

최근 지인 소개로 결이 비슷한 4명이 만나 식사를 하게 되었다. 우연하게도 그중 한 분이 "혹시 내성적인 건물주 님이세요?"라며 자신이 교육생이라고 소개했다. 나는 평소 밖에 잘 나가지도 않고 "유튜브 하세요?"라고 물어보면 "아니요, 안 하는데요"라고 말하며 도망간다. 정말이다.

병원에서 아버지 간병을 할 때도 몇몇 간호사분이 물어봤는데 아니라고 말했었다. 허세를 부리는 게 아니라 그런 관심이 부담스럽기도 하고 썩 내키지 않아서다. 그런데 교육생이라고 하니 뭐라 할 말이 없었다. 서로 당황해하며 허허 웃기만 했다.

아무튼 정확히 기억은 안 나지만 "저는 인풋은 정말 많은데 이걸 어떻게 해야 할지 모르겠어요. 내건주 님은 이런 적이 있나요?"라는 질문을 받았었다. 이에 나는 다음과 같은 경험담을 말해줬다.

저도 선생님과 비슷했어요. 성공하려고 미친 듯이 책을 읽고 여러 강의를 결제해 수강했습니다. 근데 이것들을 가지고 뭔가를 해보려고 의자에 앉기만 하면 원인 모를 멀미가 느껴지더라고요. 막막했어요. 그때쯤 제가 왜 그랬는지 모르겠지만, 책 읽기와 강의 듣기를 한동안 멈췄어요. 지금 생각해보니, 꽉 찬 기름통에 기름을 더 넣는 건 의미가 없다고 판단한 것 같습니다.

가득 찬 기름을 연소하려면 일단 출발해야 했죠. 더는 인풋이 의미가 없다고 판단하고 두세 달 넘게 책도 안 읽었어요. 지금까지 쌓아둔 재료에 집중하기 시작했죠. 그런데 거짓말처럼 마음이 편안했어요. 그때 깨달은 게 있는데, 책을 읽거나 강의를 듣더라도 한 가지는 직접 해봐야 한다는 겁니다. 그게 우선순위가 되어야 한다는 확신이 들었죠.

물론 그동안 읽고 들은 것이 도움이 전혀 안 된 건 아닙니다. 처음에는 어느 정도 정보를 넣어줘야 한다고 생각합니다. 그래야 최소한의 감이 생기고 자신감이 붙으니까요. 선생님은 지금 정말 잘하고 계신 거예요. 다만 너무 많은 인풋은 오히려 뇌만 복잡하게 만들어 실행을 못 하게 만드는 원인이 될 수도 있다는 겁니다.

잠시 인풋을 멈추고 하나에 집중해서 작게나마 시작해보셨으면 합니다. 실패해도 괜찮을 정도로 말이죠. 가득 찬 기름을 이용해 출발하는 겁니다.

물론 이와 같이 구체적으로 말한 건 아니지만, 최대한 비슷하게 적어봤다. 그리고 여기에 덧붙인 말이 있다. 만약 자신에게 원동력이 되어주는 롤모델이 아니라 불안감을 만드는 롤모델이 있다면, 그것이 눈에 보이지 않게 만드는 것도 좋은 전략이라고 말이다.

이건 온전히 내 경험담이다. 때로는 너무도 대단한 사람들의 실행력과 성과를 보면서 불안감이 들기도 했다. 그러한 불안감은 내가 지금 잘하고 있는 일들을 수정하게 하고, 얼른 서둘러야 한다는 다급함을 가져왔다. 물론 배울 점을 참고하여 계획을 수정하는 것은 훌륭하다. 하지만 불편한 감정을 만드는 대상이 있다면, 눈에 안 보이게 가릴 필요도 있다는 것이 나의 생각이다.

그래서 나는 과거 성장 단계에서 참고하던 몇몇 사람의 글이나 영상을 보이지 않게 해두었다. 인스타그램 앱을 삭제한 것도 그런 이유 중 하나다. 그 순간부터 불안감이 사라지고 나의 일에만 집중하게 되었다. 이건 흡사 수영할 때와 비슷하다.

수영을 잘하는 다른 사람의 속도에 맞추다 보면 발차기에 힘이 들어간다. 발차기가 빨라지면 몸에 힘이 들어가고, 그만큼 숨이 부족해지면서 다급한 측면 호흡으로 이어진다. 결국 자신의 고유한 리듬이 깨진다.

마찬가지로 다른 사람들을 보면 나도 뭔가를 해야 할 것 같고, 늦은 것 같고, 지금 하는 일에 의문이 든다. 물론 그런 불안감이 앞으로 나아가게 하는 원동력이 되어 좋다고 말하는 사람도 있다. 맞는 말이다. 다만 나에게 있어서는 그러한 것들이 과하면 실행을 못 하게 만드는 방해물이 되었기에 제거한 것뿐이다.

물론 처음부터 그럴 필요는 없다. 어느 정도 재료가 쌓인 단계에서 해볼 만한 전략인 것이다. 0에서, 즉 시작하는 단계에서는 다양하게 참고할 필요가 있다. 기름통에 최소한 출발할 수 있을 만큼은 기름을 채워야 하는 것처럼 말이다. 하지만 그들이 달리는 속도까지 당장에 따라갈 필요는 없다는 걸 말해주고 싶다.

누군가 시속 120km로 달린다고 해서 당신도 시속 120km로 달릴 필요는 없다. 나는 내 앞에 몇 명이나 있는지, 내 뒤에 몇 명이나 따라오고 있는지를 보려 하지 않는다. 단지 방향이 맞는지 둘러보고, 숨이 차지 않을 만한 속도를 유지하려고 노력한다. 여러 경험 끝에 그게 나에게 맞는 전략이라는 걸 알았다.

> 13. 실행을 방해하는 것에는 2가지가 있다. 과도한 인풋과 롤모델의 속도다.

에필로그

나 자신의 몸값을 올리는 삶

2000년에 개봉한 〈바이센테니얼 맨〉이라는 영화가 있습니다. 로빈 윌리엄스가 주연인데, 가정용 로봇이 감정을 가지게 되는 스토리를 다루죠. 로봇의 주인은 특별함을 눈치채고 저녁마다 공부하자고 제안합니다. 로봇은 "공부는 왜요?"라고 말하는데, 이에 주인은 "프로그램되지 않은 세상을 보여주려고"라고 답하죠. 그렇게 로봇은 유머, 감정, 피아노, 목공 등을 배우게 되고 새로운 영감을 얻게 됩니다. 이후 책을 읽으며 끊임없이 시야가 넓어지고 '자유'를 알아갑니다.

저는 자유를 얻고 싶어서 책을 읽었습니다. 그것이 제가 가진 욕망이었죠. 사람은 누구나 자기만의 욕망이 있습니다. 그게 돈이 될 수도, 가족일 수도, 개인의 성공일 수도 있습니다. 저는 그저 나의 욕망에 맞게 책을 읽었을 뿐입니다. 당신의 욕망이 무엇인지는 모르겠지만, 제가 말한 경험들이 어떠한 힌트를 주었으면 하는 마음으로 글을 썼습니다.

이 책은 자기계발서에 들어가겠지만 사실 저는 에세이 같기도 합니다. 그래서 주변 사람들이 제게 어떤 책이냐고 물어보면 "내가 책을 읽기 전부터 지금까지 보고 느낀 것 모두가 담겨 있는 책입니다"라고 말하고 싶습니다.

물론 제가 10년, 20년 책을 읽은 것도 아니고 오랜 기간 한 분야를 연구한 것도 아닙니다. 사업가로서 어마어마한 능력과 자본을 축적한 사람도 아니죠. 그래서 글을 쓰다가 내가 이런 말을 해도 되나 싶을 때가 종종 있었습니다. 다만 이제 시작하는 사람들에게는 나의 경험이 조금이라도 도움이 되지 않을까 하는 마음이 컸습니다.

단 한 명이라도 영감을 얻었다면 저는 그것으로 만족합니다. 그래서 미주알고주알 구체적으로 쓰려고 많은 시간을 들였던 것 같아요. 많은 시간이 들어간 이유는, 기억을 끄집어내기 위해 메신저나 과거에 써둔 기록들을 꺼내 보았기 때문입니다. 그런데 과거를 되짚다 보니 새삼 좋은 추억이 많았다는 걸 느꼈습니다. 여러분 덕분에 좋은 경험을 해봤네요.

저의 20대 후반은 회사를 위해 사는 삶이 아니라 나 자신의 몸값을 올려가는 삶이었습니다. 사실 이성을 만나고도 싶고, 친구들과 더 많이 놀고도 싶었죠. 다만 저는 한 가지 신념에 따라 살아왔습니다. 이 책을 통해 지겹게도 말했지만 '사고방식이 유연해지려면 배움에 익숙해져야 한다'는 것입니다.

저는 '유연하다'는 말을 좋아합니다. 제가 봐온 멋진 어르신들은 사고방식이 유연했기 때문입니다. 그분들은 나이와 상관없이 뭔가를 배우고 있었습니다. 그리고 남을 배려하는 언어와 비언어적인 태도가 있었죠. 저도 그분들처럼 나이를 먹고 싶었습니다.

뭔가를 배운다는 것은 '이런 것도 있구나'라는 생각을 하게 만듭니다. 자연스럽게 '이런 생각을 하는 사람도 있구나'로 이어지겠죠. 사실 숨을 쉬듯, 밥을 먹듯 새로움을 배우는 습관이 있다면 몸값은 자연스럽게 오를 것이라고 생각합니다. 당연히 사람마다 재능과 잠재력의 차이가 있으니 속도 차이도 분명 있을 겁니다.

여러 교육생을 가르치다 보니 '아, 이 사람은 확실히 되겠다'는 감이 올 때가 있습니다. 선천적으로 재능이 있는 것이죠. 그래서 저는 세계적인 위치에 있는 사람들이 "저는 재능이 있었던 게 아닙니다. 노력 덕분이었죠"라고 말하는 걸 어느 부분에서는 인정하지 못합니다. 거기에는 '재능 더하기 노력이 있었을 것'이라는 게 제 견해입니다. 노력이라는 것도 어찌 보면 재능이라고 볼 수도 있기 때문이죠. 당연히 환경도 중요하고요. 따라서 재능 없이 노력만으로 '최고'가 되는 것은 어렵다고 봅니다.

저는 제 사람들에게 괜한 말로 희망을 주지 않으려고 노력합니다. 다만 제가 확실히 말할 수 있는 건, 저는 '최고'가 될 생각이 없었다는 겁니다. 저는 예체능 선수가 아닙니다. 박지성 선수나 손흥민 선수를 보며 최고가 되기 위해 훈련을 반복하는 게 아닙니다. 그들의 습관과 마인드, 훈련 방식을 참고하며 동네 축구에서 "볼 좀 차네"라는 말을 듣는 것이 목적이었습니다. 재능이 없더라도 그들의 훈련을 조금만 따라 하면, 속도는 늦어도 분명 아무것도 안 한 사람들보다 좋아지기 때문입니다.

여기까지는 재능이 없어도 누구나 가능합니다. 돈 버는 분야도 마찬가지입니다. 저는 회사를 설립해 직원을 여럿 두거나 상장하는 것을 목표로 두지 않았습니다. 월 몇천만 원도 아니었죠. 그저 가족을 지킬 수 있을 정도까지, 소중한 사람들에게 맛있는 음식을 사줄 수 있을 정도까지, 직장에서 독립하여 자유롭게 돈을 버는 게 목적이었습니다. 선택권의 자율성 말입니다. 그랬기에 스물여덟 살에 시작해 서른에 직장을 탈출할 수 있었겠지요.

머리에서 1등이 되려고 하는 게 아니라, 꼬리에서 1등이 되려고 했기 때문입니다. 단, 앞에서 언급한 아무나 가능하다는 것에는 전제 조건이 있습니다. 앞서 언급한 배움에 익숙해야 한다는 겁니다. 재료가 없다면 어떻게 요리를 할 수 있겠습니까. 그래서 저는 배움의 수단으로 책을 읽으며 배워갔습니다. 새로운 배움으로 최고들의 능력을 모아가는 것만이, 우리가 지혜롭게 성장하고 돈을 벌 수 있는 유일한 패턴이지 않을까 합니다.

저는 돈을 보고 독서를 시작했습니다. 그렇다고 당신도 단순히 돈만 보고 책을 읽으라는 것은 아닙니다. 좀 더 현명하게,

사람들과 더 잘 어울리게, 일을 조금 더 효율적으로 하겠다는 목적을 가져도 좋습니다.

저에겐 친구들이 있습니다. 불합리한 직장 일 때문에 자존감이 낮아진 친구, 자영업자로서 매출을 높이고 싶어 하는 친구, 이성 관계에 문제가 생긴 친구, 회사에서 발표를 잘하고 싶은 친구, 자신만의 패션 브랜드를 만드는 친구, 세상이 무너질 것 같은 고난이 온 친구, 꿈을 선택할지 돈을 선택할지 고민하는 친구가 있습니다.

그들 모두 다른 일을 하고 있고 당장의 목적이 다릅니다. 저는 읽어본 책 중에서 그들에게 도움이 될 만한 책을 선물합니다. 2년이 지난 지금도 한 친구는 "그때 보내준 5권 정말 고마웠어"라고 말합니다. 굳이 내 돈과 시간을 투자하며 책을 찾아 선물해주는 이유는 간단합니다. 제가 아는 방법 중 가장 효과가 확실하기 때문입니다.

우리가 사는 세상에는 때때로 매일 무언가에 도전하고 공부하는 사람들을 보며 "그렇게까지 해서 돈을 벌고 싶을까"라며 비웃듯이 말하는 사람이 있습니다. 하지만 제 경험으로 보자면, 오로지 돈이라는 걸 벌고 싶어서 도전하고 공부하는 사람은 실제로 많지 않다는 겁니다. 그들은 변화를 원했습니다. 저 또한 변화를 원했고, 설레는 마음으로 아침을 기다렸습니다.

저는 앞으로도 어떤 걸 배우면서 도전하게 될지, 얼마나 몸값이 오를지 기대가 됩니다. 당신도 나와 결이 비슷하다면, 우리 함께 작게나마 배우고 천천히 시도해봤으면 좋겠습니다.

참고로 유튜브나 책에서 말하지 못하는 일상과 정보는 블로그에서 나누고 있습니다. 동네 이웃을 지나가다 보면 '별 탈 없이 살아가고 있구나'라는 생각을 할 때가 있습니다. 블로그를 통해 '이렇게 살아가고 있구나'라는 생각을 하며 같이 살아갔으면 합니다. 관심이 있으신 분은 네이버에 'shynote'라고 검색하면 확인할 수 있습니다. 많이들 놀러 오세요!

내성적인 건물주